시간을 잘 활용하면 성공할 수 있어

# 너는 꿈을 어떻게 이룰래? 3

리앙즈웬 지음 | 이종순 옮김

KB191421

HANEON.COM

**너는 꿈을 어떻게 이룰래? 3**
시간을 잘 활용하면 성공할 수 있어

| | |
|---|---|
| 펴 냄 | 2006년 5월 1일 1판 1쇄 박음 \| 2006년 8월 15일 1판 2쇄 펴냄 |
| 지은이 | 리앙즈웬(梁志援) |
| 옮긴이 | 이종순 |
| 펴낸이 | 김철종 |
| 펴낸곳 | (주)한언 |
| | 등록번호 제1-128호 / 등록일자 1983. 9. 30 |
| 주 소 | 서울시 마포구 신수동 63-14 구 프라자 6층(우 121-854) |
| | TEL. 02-701-6616(대) / FAX. 02-701-4449 |
| 책임편집 | 김훈태 htkim@haneon.com |
| 디자인 | 차귀령 krcha@haneon.com |
| 일러스트 | 김신애 sakim@haneon.com |
| **홈페이지** | **www.haneon.com** |
| **e-mail** | **haneon@haneon.com** |

이 책의 무단전재 및 복제를 금합니다.
잘못 만들어진 책은 구입하신 서점에서 바꾸어 드립니다.

ISBN 89-5596-330-0 44320
ISBN 89-5596-329-7 44320(세트)

시간을 잘 활용하면 성공할 수 있어

# 너는 꿈을 어떻게 이룰래? 3

꿈꾸는 아이들에게는
지식을 선물할 것이 아니라
지혜를 선물해야 합니다.

# 어린이들에게 지혜의 문을 열어주자

### 이 책은 왜 출간되었는가?

오늘날처럼 급변하는 시대에 전통적인 교육 시스템은 새로운 욕구를 만족시키지 못하는 경우가 많다. 일상생활에서 반드시 필요한 시간관리, 금전관리, 인간관계, 목표설정, 리더십, 문제해결 능력 등은 전통적인 교육방식으로는 배울 수 없는 것들이다. 〈너는 꿈을 어떻게 이룰래?〉 시리즈는 바로 이러한 문제인식에서 출발하여 출간되었다. 이 시리즈는 동시대와 호흡하고 있는 여러 분야의 대가들의 지혜를 모델로 삼았으며, 그들의 사고방식(Thinking Model)을 재미있는 이야기로 엮었다. 또한 다양한 심리학적 지식을 참고하고 그 방법을 적용하여 학생들의 이해력을 돕고자 노력했다.

### 이 책은 누구를 위한 것인가?

이 책은 초등학교 4학년부터 중학교 3학년(약 9~15세) 학생들이 앞으로 인생을 살아가는 데 꼭 필요한 인성을 익힐 수 있도록 집필되었다. 만약 어린 학생이 이 책을 본다면 선생님과 부모님들은 그들의 이해 수준에 따라 적절한 설명을 곁들여야 효과가 클 것이다. 연습문제는 그대로 따라 풀 수 있도록 구성하였다. 물론 이 책은 성인들에게도 도움이 된다고 생각한다. 다만, 어린이들은 사물에 호기심이 많고 이해가 빠르기 때문에 사고방식 훈련에 더욱 좋은 효과가 있으리라 생각한다.

### 선생님과 부모님들은 이 책을 어떻게 활용해야 할까?

선생님과 부모님들은 먼저 지문의 요점을 이해한 다음, 아이들에게 설명하고 연습문제를 풀게 한다. 또 선생님과 부모님은 아이들의 인성교육에 있어 훌륭한 조언자이기 때문에 그들의 모범이 되어야 하며, 자신의 경험에 비추어 학생들과 함께 답안을 작성하고 느낀 점에 대해 토론해야 한다. 이 과정에서 학생들의 다양한 생각을 북돋워주고, 그 사고방식이 학생들의 생활에 소중한 가치관으로 자리 잡게 하며 이를 습관화하도록 도와준다. 그럼으로써 어른들은 자신의 삶을 되돌아볼 수 있고, 아이들의 인생은 보다 풍요롭고 행복해질 것이다.

이 책은 정답이 없다!

책 뒷부분에 제시된 답안은 학생들의 올바른 사고방식과 가치관 형성을 돕고자 하는 참고답안일 뿐 정답이 아니라는 점을 말해두고 싶다. 다양한 사고방식과 개인의 견해 차이를 인정해야 하기 때문이다. 참고답안에 얽매이기보다는 자유로운 토론과 사고를 통해 온전히 자신의 지혜로 만들기 바란다.

# 죽은 지식과 살아 있는 지혜

초등학교를 졸업할 때쯤 아이들의 신체조건, 지적 수준, 사고 능력은 거의 비슷하다고 할 수 있다. 그러나 오랜 세월이 지난 후 그 결과는 사뭇 다르다. 아마도 이러한 결과를 운의 몫으로 돌리는 사람도 있을 것이다. 어떤 사람들은 운이 따르지 않아서 성공할 수 없었고, 어떤 사람들은 운 좋게 귀인을 만나 성공했다고 생각할 수도 있다. 그렇다면 행운 외에 다른 이유는 없는 것일까? 한 학년의 학업을 마쳤다는 것은 학교에서 배운 지식과 능력이 다른 사람과 별 차이가 없다는 것을 의미한다. 그런데 왜 일부분의 사람들만 배운 지식을 자유자재로 활용할 수 있을까? 그것은 그들에게 또 다른 살아있는 지혜가 있기 때문이다.

지식사회에서 살고 있는 우리는 그 어느 때보다 지식에 대한 욕구가 간절하다. 우리는 반드시 이전보다 더 치열하게 학습하고 많은 시간을 투자해야 한다. 예를 들면 대학을 졸업하고 나서도 전공 관련 자격증을 취득하거나 앞으로 생계유지에 필요한 전문기술을 배워야 한다. 기초적인 전문기술이 우리의 경쟁력을 높여주고, 생계유지 차원에서 도움이 된다는 것은 의심할 여지가 없다. 그러나 이런 '죽은 지식'을 자유자재로 활용하려면 반드시 '산지식'을 자유자재로 활용할 수 있는 능력이 필요하다. 그렇다면 '산지식'을 활용할 수 있는 능력이란 무엇인가?

유명한 미래학자 존 나이스비트*John Naisbitt*는 지식사회에서 다음과 같은 네 가지 기능을 습득해야 한다고 말한다. 그것은 바로 공부하는 방법, 생각하는 방법, 창조하는 방법, 교제하는 방법이다.

같은 분야의 전문 자격증을 취득한 엔지니어 두 명이 있었다. 그중 A라는 사람은 공부하는 방법을 알고 있었기 때문에 급속하게 변화하는 시장의 요구에 맞춰 신제품 관련 지식을 파악할 수 있었고, 사람들과 교제하는 방법과 표현능력이 뛰어났기 때문에 더 많은 주문을 받을 수 있었다. 또한 창의적인 사고방식을 가지고 있어서 어려운 문제에 봉착했을 때 빠르고 쉽게 해결할 수 있었다. 그리고 과거를 반성하고 미래를 예측할 수 있는 혜안 덕분에 더욱 많은 기회를 잡을 수 있었다. 그러나 B라는 사람은 A처럼 그렇지 못했기 때문에 그에 비해 성공적인 삶을 살지 못했다.

죽은 지식과 산지식 사이에는 다음과 같은 차이점이 있다.

* 죽은 지식은 쉽게 시대에 뒤떨어지고 새로운 지식에 자리를 내주지만, 산지식은 평생 활용이 가능하다.
* 죽은 지식을 습득하는 데는 많은 시간이 필요하지만, 산지식은 짧은 시간 안에 쉽게 배울 수 있다. 그러나 산지식을 이해할 수도 인정할 수도 없는 사람들은 평생 걸려도 배우지 못한다.
* 죽은 지식은 일반적으로 학교에서 교과과정을 통해 배울 수 있지만, 산지식은 언제 어디서나 정해진 틀에 얽매이지 않고 배울 수 있다.
* 죽은 지식은 평가가 가능하지만, 산지식은 정확하게 평가하기가 어렵고 긴 시간이 지나야 그 결과를 통해 알 수 있다. 그러나 확실하게 산지식을 배울 수 있다면 그 효과는 굉장하다.

성공한 사람들의 공통점이 있다면 그들은 산지식의 소유자라는 것이다. 리앙즈웬 선생이 쓴 〈너는 꿈을 어떻게 이룰래?〉 시리즈는 바로 세계적인 교육의 새로운 흐름에 따라 집필된 '산지식'이라 하겠다. 이 시리즈는 지식사회가 요구하는 인재육성을 위한 훌륭한 교과서다. 이 책의 특징은 어려운 문장은 피하고, 간결하고 정확한 언어를 사용했다는 점이다. 연습문제를 통해 학생들이 쉽게 이해하고, 그

숨은 뜻을 바로 습득할 수 있도록 구성했다. 즉, 이 책에서 제기된 많은 지식들은 사람들이 평생 배워도 체계적으로 터득하기 어려운 산지식이라고 자신 있게 말할 수 있다. 아이들이 이 시리즈를 통해 평생 사는 데 도움이 되는 훌륭한 지혜들을 얻기 바란다.

— 존 라우 〈너는 꿈을 어떻게 이룰래?〉 시리즈 고문

# 재산을 물려줄 수는 있지만,
# 시간은 단 1초도 남겨줄 수 없다

매일 시간에 쫓기고 항상 바쁜 현대인들은 행복을 느낄 시간조차 없다. 세상은 지금도 급박하게 변화하고 있다. 인류의 지식은 7, 8년 단위로 크게 물갈이가 된다고 한다. 이처럼 지식이 빠르게 변화하고 그 양이 폭발적으로 늘어나는 시대에 뒤떨어지지 않으려면 시간을 효율적으로 활용해야 한다. 시간관리를 제대로 하지 못한다면 그만큼 뒤쳐질 수밖에 없다.

이 책은 시간관리를 철저히 하여 성공에 이른 사람들의 체험담과 재미있는 이야기로 이루어져 있다. 우선 아이들은 연습문제를 풀어봄으로써 시간관리의 소중함을 인식하고, 저명한 인사들의 시간활용법과 경험을 통해 아래의 방법을 익힐 수 있다.

* 자신의 삶을 소중하게 여긴다.
* 시간의 빠름과 소중함을 깨닫는다.
* 시간은 곧 돈이다.
* 어떻게 자기관리를 할 것인가?
* 우선순서를 정한다.
* 일을 미루지 않는다.
* 시간을 투자한다.

끝으로 이 책을 통해 아이들이 급변하는 시대에 학업성적을 높이고, 학교와 가정에서 효율적이고 원만한 생활을 하며, 뜻하는 바를 이루고 멋진 인생을 만들어갈 수 있기를 바란다.

# 차례

# 1 | 시간에도 시작과 끝이 있다

인간의 시간은 무한한 것이 아니다

생명이란 영원한 것이 아니다. 생의 끝을 의미하는 죽음을 생각해보면, 살아있는 시간이야말로 소중한 것이다. 때문에 시간은 곧 시작과 끝이 있는 생명이며, 자신의 시간을 관리하는 것은 곧 자신의 생명을 관리하는 것과 같다. 사실 현대사회에서 가장 비참한 일은, 많은 사람들이 생명의 가치를 전혀 모르고 죽는다는 것이다.

## 1 개미와 베짱이(이솝우화)

햇볕이 따사로운 어느 겨울날, 개미가 여름에 거둬들인 식량을 말리고 있었다. 배가 고플 대로 고픈 베짱이가 지나다가 개미에게 먹을 것을 좀 달라고 부탁했다. "당신은 왜 여름에 먹을 것을 저장하지 않았어요?" 개미는 이해할 수가 없다는 표정으로 베짱이에게 물었다. "여름에는 저도 나름대로 바빴답니다. 매일 노래를 부르느라 정신이 없었지요." 베짱이가 대답했다. "만약 당신이 여름 내내 한가하게 노래만 불렀다면 겨울에 굶는 것은 당연한 일이지요." 개미는 베짱이를 비웃으며 대답했다.

01 베짱이는 여름에 무엇을 하느라고 바쁘게 보냈는가?

  ☐ 가. 일광욕을 하느라고

  ☐ 나. 식량을 마련하고자

  ☐ 다. 노래를 부르느라고

  ☐ 라. 한가하게 지내느라고

02 개미는 여름에 무엇을 하느라고 바쁘게 보냈는가?

　□ 가. 일광욕을 하느라고

　□ 나. 식량을 마련하고자

　□ 다. 노래를 부르느라고

　□ 라. 한가하게 지내느라고

03 이 이야기에서 무엇을 깨달았는가?

　□ 가. 다른 사람에게 도움을 받지 않는다.

　□ 나. 미래를 위해 미리 준비해야 한다.

　□ 다. 다른 사람을 비웃지 말아야 한다.

　□ 라. 여름에는 부지런히 일해야 한다.

## 2 나의 미래

01 여러분이 60살에 정년퇴임을 했을 때 자신의 모습을 그려본다면?

　□ 가. 몹시 가난하여 정부의 보조금으로 어렵게 생활한다.

　□ 나. 이미 세상을 떠났다.

　□ 다. 생활은 어려우나 생계를 위해 열심히 일한다.

　□ 라. 살림이 넉넉하며 자유롭게 남은 인생을 즐긴다.

02 우리는 정년퇴임 후의 생활을 어떻게 준비해야 하는가? (정답을 모두 고르세요)

　□ 가. 시간을 잘 활용한다.

　□ 나. 항상 놀러 다닌다.

　□ 다. 확실한 목표를 정한다.

　□ 라. 한평생 공부만 한다.

　□ 마. 게으름을 피우고 늦잠을 잔다.

□ 바. 끊임없이 자신의 습관을 고쳐나간다.

□ 사. 건강관리를 한다.

□ 아. 돈을 저축한다.

□ 자. 다른 사람을 비웃는다.

□ 차. 열심히 일한다.

## 3 인생의 시간

인간의 평균수명을 80살이라 하고 80년을 24시간으로 계산한다면, 인생의 시계는 아래와 같다.

*공식

$$연령 = \frac{특정시간}{24시간} \times 80살$$

예) 오후 3시면 인생의 몇 살에 해당하는가? $\frac{15시간}{24시간} \times 80살 = 50살$

**01** 위의 인생시계에 따라 정확한 연령을 적어보자.

| 시 간 | 연 령 | 시 간 | 연 령 |
|---|---|---|---|
| 오전 1:30 | | 오후 1:30 | |
| 오전 3:00 | | 오후 3:00 | |
| 오전 4:30 | | 오후 4:30 | |
| 오전 6:00 | | 오후 6:00 | |
| 오전 7:30 | | 오후 7:30 | |
| 오전 9:00 | | 오후 9:00 | |
| 오전 10:30 | | 오후 10:30 | |
| 낮 12:00 | | 밤 12:00 | |

**02** 아래의 인생시계 옆에 해당하는 나이를 적어보자.

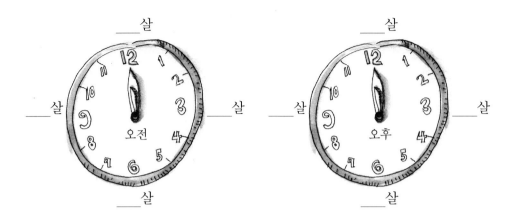

**03**

1) 인생시계로 계산하면 여러분의 나이는 어느 시간에 해당하는가?

_____

2) 인생시계로 계산하면 부모님의 나이는 어느 시간에 해당하는가?

아버지 : _____

어머니 : _____

3) 태양이 아직 떠오르지 않은 시간은?

□ 가. 오전 6:00

□ 나. 오전 9:00

□ 다. 낮 12:00

□ 라. 오후 3:00

4) 위의 시간은 인생의 어느 나이에 해당하는가?

☐ 가. 20살

☐ 나. 30살

☐ 다. 40살

☐ 라. 50살

5) 아직 태양이 떠오르지 않은 시간은 인생의 어느 단계에 해당하는가?

☐ 가. 청소년

☐ 나. 청년

☐ 다. 중년

☐ 라. 노년

6) 이 단계에서 우리는 무엇을 해야 하는가?

☐ 가. 열심히 일한다.

☐ 나. 가정을 이룬다.

☐ 다. 정년퇴임을 준비한다.

☐ 라. 열심히 공부한다.

7) 어느 단계부터 태양이 막 떠오르고 그 빛이 점점 강렬해질까?

☐ 가. 밤 12:00 ~ 오전 6:00

☐ 나. 오전 6:00 ~ 낮 12:00

☐ 다. 낮 12:00 ~ 오후 6:00

☐ 라. 오후 6:00 ~ 밤 12:00

8) 위의 시간은 인생의 어느 나이에 해당하는가?

　　□ 가. 0 ～ 20살

　　□ 나. 20 ～ 40살

　　□ 다. 40 ～ 60살

　　□ 라. 60 ～ 80살

9) 태양이 떠오르고 그 빛이 강렬해지는 때는 인생의 어느 단계에 해당하는가?

　　□ 가. 청소년

　　□ 나. 청년

　　□ 다. 중년

　　□ 라. 노년

10) 이 단계에 우리는 무엇을 해야 하는가?

　　□ 가. 직업을 갖는다.

　　□ 나. 열심히 공부한다.

　　□ 다. 일하지 않고 놀고먹는다.

　　□ 라. 정년퇴임을 준비한다.

11) 언제 태양이 우리의 머리 위에 떠 있을까?

　　□ 가. 오전 6:00

　　□ 나. 오후 6:00

　　□ 다. 낮 12:00

　　□ 라. 밤 12:00

## CHAPTER 1

12) 위의 시간은 인생의 어느 연령에 해당하는가?

　□ 가. 30살

　□ 나. 40살

　□ 다. 50살

　□ 라. 60살

13) 태양이 우리의 머리 위에 떠 있을 때는 인생의 어느 단계일까?

　□ 가. 청소년

　□ 나. 청년

　□ 다. 중년

　□ 라. 노년

14) 이 단계에 우리는 무엇을 해야 하는가?

　□ 가. 성공을 해야 한다.

　□ 나. 일하지 않고 놀고먹어야 한다.

　□ 라. 열심히 공부해야 한다.

　□ 라. 정년퇴임을 준비해야 한다.

15) 태양이 서쪽으로 저무는 시간은?

　□ 가. 낮 12:00 ～ 오후 1:30

　□ 나. 오후 1:30 ～ 오후 3:00

　□ 다. 오후 3:00 ～ 오후 4:30

　□ 라. 오후 4:30 ～ 오후 6:00

16) 위의 시간은 인생의 어느 연령에 해당하는가?

　　□ 가. 40 ～ 45살

　　□ 나. 45 ～ 50살

　　□ 다. 50 ～ 55살

　　□ 라. 55 ～ 60살


17) 태양이 서쪽으로 저무는 시간에 우리는 무엇을 해야 하는가?

　　□ 가. 정년퇴임을 준비해야 한다.

　　□ 나. 일하지 않고 놀고먹어야 한다.

　　□ 다. 열심히 공부해야 한다.

　　□ 라. 사업을 시작해야 한다.


18) 어두워지기 시작하고 하루가 끝나는 시간은?

　　□ 가. 오후 3:00

　　□ 나. 오후 4:00

　　□ 다. 오후 5:00

　　□ 라. 오후 6:00


19) 해가 진 다음 밤 시간은 인생의 어느 나이에 해당하는가?

　　□ 가. 60 ～ 80살

　　□ 나. 40 ～ 60살

　　□ 다. 20 ～ 40살

　　□ 라. 0 ～ 20살

20) 밤 시간은 인생의 어느 단계에 해당하는가?

　　□ 가. 노년

　　□ 나. 중년

　　□ 다. 청년

　　□ 라. 청소년

21) 여러분은 하루가 아주 짧다고 느끼는가? 생각나는 대로 적어보자.

_____

_____

22) 여러분은 자신의 인생시계를 통해 무엇을 깨달았으며, 어떤 교훈을 얻었는가?

_____

_____

_____

_____

### 🚌 제 1과 학습 포인트

> ✓ 시간은 곧 생명이다. 자신의 시간을 관리하는 것은 자신의 생명을 관리
> 하는 것과 같다.
>
> ✓ 80살의 인생시계를 통해 자신의 나이와 시계를 대조해보면서 시간의 흐
> 름과 소중함을 깨닫는다.

# 2 | 시간의 특징을 이해한다

### 시간은 단 1초도 우리를 기다리지 않는다

어느 한 철학자는 "시간은 존재하지 않는다. 만약 존재한다면, 그것은 순간일 뿐이다"고 말한 적이 있다. 우리에게 시간은 바로 현재를 의미한다. 단 1초 전이라도 그것은 이미 흘러간 시간이고, 새로운 1초는 아직 돌아오지 않았다. 흘러간 시간과 돌아오지 않은 시간은 모두 우리의 몫이 아니다. 우리가 사용할 수 있는 시간은 오직 현재뿐이다. 시간은 되돌릴 수 없고 지나간 시간은 영원히 과거로 남는다. 우리 마음대로 시간을 연장하거나 붙잡아둘 수 없기 때문이다. 시간은 일정한 속도로 계속 흘러가 사라진다.

## 1 하루는 몇 초일까?

**01** 1분은 몇 초일까?

☐ 가. 50초

☐ 나. 60초

☐ 다. 70초

☐ 라. 80초

**02** 한 시간은 몇 초일까?

☐ 가. 3,000초

☐ 나. 3,200초

☐ 다. 3,400초

☐ 라. 3,600초

**03** 하루는 몇 초일까?

    ☐ 가. 86,400초

    ☐ 나. 86,600초

    ☐ 다. 86,800초

    ☐ 라. 87,000초

# 2 시간은행

'매일 여러분의 통장에 86,400원을 입금해주고, 하루 동안 이 돈을 어디에 쓰든지 상관없이 마음대로 쓸 수는 있지만 다음날로 미루어 쓰거나 다른 사람에게 빌려줄 수는 없는' 은행이 있다고 생각해보자.

사실 사람들은 누구나 이와 비슷한 은행을 가지고 있다. 그것은 바로 시간이다. 시간은행은 매일 아침 여러분에게 86,400초의 시간을 준다. 이것이 바로 여러분의 인생에서 가장 소중한 재산이다. 여러분이 사용하지 못한 시간이 아무리 많다 하더라도 다음날로 미루어 사용할 수는 없다. 물론 그 누구도 여러분의 시간을 훔쳐갈 수 없다.

시간이야말로 모두에게 평등한 재산이다. 천재나 부자라 할지라도 다른 사람들에 비해 단 1초라도 더 많은 시간을 가질 수는 없다. 1초, 1분, 1시간, 하루, 1주일, 한 달, 1년이 모여 인생이 이루어진다. 시간은 한번 지나가면 영원히 되돌아오지 않는다. 때문에 시간을 활용하는 방식이 여러분의 인생을 결정한다. 시간을 효율적으로 활용하여 자신의 학문, 기술, 재산, 건강, 사업과 우정 등을 쌓아가면서 아름다운 미래를 만들어가야 한다.

**01** 시간은행은 우리를 위해 매일 몇 초의 시간을 저축해주는가?

    ☐ 가. 86,400초

    ☐ 나. 86,600초

    ☐ 다. 86,800초

    ☐ 라. 87,000초

**02** 시간을 늘리는 것은 _____ .

☐ 가. 가능하다

☐ 나. 불가능하다

☐ 다. 때로는 가능하다

☐ 라. 때로는 불가능하다


**03** 시간을 줄이는 것은 _____ .

☐ 가. 가능하다

☐ 나. 불가능하다

☐ 다. 때로는 가능하다

☐ 라. 때로는 불가능하다


**04** 시간은 _____ 흘러간다.

☐ 가. 불규칙적인 속도로

☐ 나. 일정한 속도로

☐ 다. 갑자기

☐ 라. 때때로


**05** 남은 시간을 다른 사람에게 빌려주는 것은 _____ .

☐ 가. 가능하다

☐ 나. 불가능하다

☐ 다. 때로는 가능하다

☐ 라. 때로는 불가능하다

**06** 사람마다 소유하는 시간은 모두 _____ .

　□ 가. 같지 않다

　□ 나. 같다

　□ 다. 때로는 같고 때로는 같지 않다

　□ 라. 미리 알 수 없다

**07** 시간은 흘러가면 _____ .

　□ 가. 되찾을 수 없다

　□ 나. 일부분만 찾을 수 있다

　□ 다. 배로 늘어난다

　□ 라. 되찾을 수 있다

**08** 시간은 모든 활동에 _____ .

　□ 가. 있으나 마나 한 것이다

　□ 나. 조금도 필요하지 않다

　□ 다. 필요할 때가 있다

　□ 라. 없어서는 안 된다

**09** 시간은 축적이 _____ .

　□ 가. 가능하다

　□ 나. 불가능하다

　□ 다. 때로는 가능하다

　□ 라. 때로는 불가능하다

10 _____ 여러분의 시간을 훔칠 수 없다.

　□ 가. 그 누구도

　□ 나. 어떤 사람은

　□ 다. 친한 친구는

　□ 라. 자신은

11 시간은 _____ 자원이다.

　□ 가. 절대적으로 공평한

　□ 나. 불공평한

　□ 다. 조금 공평한

　□ 라. 대체로 공평한

12 천재와 부유한 사람들이 일반인보다(과) _____ 시간을 갖고 있다.

　□ 가. 아주 많은

　□ 나. 조금 많은

　□ 다. 매우 적은

　□ 라. 똑같은

13 시간을 활용하는 방식이 우리들의 _____ 생활을 결정한다.

　□ 가. 과거

　□ 나. 미래

　□ 다. 현재

　□ 라. 과거와 미래

**14** 다음 중 유효기간이 있는 것은 무엇인가? (정답을 모두 고르세요)

☐ 가. 비행기표

☐ 나. 예약한 호텔방

☐ 다. 소설

☐ 라. 책장

☐ 마. 소파

☐ 바. 숙제

☐ 사. 꽃

☐ 아. 빵

☐ 자. 공원 입장권

**15** 우리는 시간을 어떻게 잘 활용해야 하는가? (정답을 모두 고르세요)

☐ 가. 쉬지 않고 게임을 한다.

☐ 나. 쉬지 않고 노래방을 다닌다.

☐ 다. 지식을 배운다.

☐ 라. 적당한 휴식을 취한다.

☐ 마. 가족과 함께 시간을 보낸다.

☐ 바. 시간이 있을 때 친구와 만난다.

☐ 사. 쉬지 않고 텔레비전을 본다.

☐ 아. 다른 사람을 도와준다.

☐ 자. 독서를 한다.

☐ 차. 운동을 한다.

☐ 카. 자주 군것질을 한다.

**16** 시간을 효율적으로 활용하면 무엇을 얻고 어떤 느낌을 받을까?

(정답을 모두 고르세요)

☐ 가. 질병

☐ 나. 패배감

☐ 다. 학식

☐ 라. 우정

☐ 마. 미덕

☐ 바. 가난

☐ 사. 재산

☐ 아. 만족감

☐ 자. 사업

☐ 차. 절망감

☐ 카. 건강

 제 2과 학습 포인트

> ✓ 소중한 현재의 시간을 아껴라. 한번 지나간 시간은 돌아오지 않는다.
>
> ✓ 시간을 적절히 써서 지식, 우정, 건강, 재산 등을 잃지 않도록 하자.

# 시간의 가치는 얼마일까?

시간은 곧 돈이다

인생의 가치를 이해하려면 노벨상 수상자에게 물어봐야 한다.

한 해의 가치를 이해하려면 고향을 떠난 군인에게 물어봐야 한다.

한 달의 가치를 이해하려면 임신한 어머니에게 물어봐야 한다.

하루의 가치를 이해하려면 열심히 일하는 농부에게 물어봐야 한다.

한 시간의 가치를 이해하려면 시험을 보고 있는 학생에게 물어봐야 한다.

1분의 가치를 이해하려면 교통사고로 죽을 고비를 넘긴 생존자에게 물어봐야 한다.

1초의 가치를 이해하려면 올림픽 금메달리스트에게 물어봐야 한다.


'시간은 금보다 소중하다. 금으로도 시간을 살 수 없다'는 말이 있다. 시간은 곧 돈이다. 안타깝게도 사람들은 자신이 가지고 있는 시간의 가치를 계산해보지 않는다. 만약 시간을 금으로 바꿀 수 있다면, 여러분은 다른 방식으로 시간을 쓰게 될 것이다.


# 1 벨의 이야기

발명가 벨이 전화기를 발명하고 있을 때 그레이라는 또 다른 과학자도 똑같은 연구를 하고 있었다. 그 두 사람은 서로를 알지 못했지만 거의 동시에 발명에 성공했다. 그러나 벨이 전화기의 발명자로 기억될 수 있었던 것은 그레이보다 2시간 먼저 특허신청을  했기 때문이다. 바로 이 120분이라는 시간 때문에 벨은 단번에 세계적으로 유명해지고 재산과 명예도 얻게 되었다. 안타깝게도 똑같은 발명을 하고도 그레이는 사람들의 기억에서 사라졌다.

**01** 만약 그레이가 먼저 특허를 신청했다면 전화기의 역사는 어떻게 됐을까?

　□ 가. 인류는 전화를 사용하지 않았을 것이다.

　□ 나. 전화를 제일 먼저 발명한 과학자가 그레이였을 것이다.

　□ 다. 그레이와 벨이 막대한 재산과 명예를 얻었을 것이다.

　□ 라. 그레이는 사람들에게 잊혀졌을 것이다.


**02** 벨이 그레이 보다 몇 시간 먼저 특허를 신청했는가?

　□ 가. 1시간

　□ 나. 2시간

　□ 다. 3시간

　□ 라. 4시간


**03** 다음 중 벨과 그레이의 공통점이 아닌 것은?

　□ 가. 두 사람 모두 전화를 연구했다.

　□ 나. 두 사람이 거의 동시에 전화를 발명했다.

　□ 다. 두 사람이 거의 동시에 특허청에 발명을 등록했다.

　□ 라. 두 사람이 함께 막대한 부와 명예를 얻었다.


**04** 이 이야기에서 무엇을 깨달았는가?

　□ 가. 성공과 실패는 간발의 차이다. 시간관리는 큰 차이를 낳는다.

　□ 나. 연구에 몰두해야 한다.

　□ 다. 성공하려면 발명을 해야 한다.

　□ 라. 성공은 큰 부와 명예를 가져온다.

## CHAPTER 3

## 2 벤자민 프랭클린의 이야기

물리학자이면서 정치학자인 벤자민 프랭클린의 시간관리에 대한 유명한 이야기가 있다. 어느 날 그의 출판사에 한 손님이 찾아왔는데, 1달러짜리 책 한 권을 가리키면서 점원에게 가격을 낮추어달라고 부탁했다. 점원이 동의하지 않자 그 손님은 "벤자민 프랭클린 선생님이 계십니까?"라고 물었다.

"인쇄실에서 바쁘게 일하고 있습니다"라고 점원이 대답했다. 손님은 기어코 벤자민 프랭클린을 만나겠다고 하여 점원은 할 수 없이 그를 모셔왔다.

"이 책을 최저로 얼마까지 할인해주실 수 있어요?" 손님은 그에게 물었다.

"1달러 25센트입니다." 벤자민 프랭클린이 대답했다.

"1달러 25센트? 점원이 방금 1달러라고 했는데요?"

"그랬지요. 하지만 지금은 1달러 이상을 받아야 합니다. 당신 때문에 제가 일을 중지했기 때문이지요."

"알았어요. 그럼 얼마를 내면 되죠?" 손님은 의아해하면서 말했다.

"1달러 50센트입니다."

"1달러 50센트요? 조금 전까지만 해도 1달러 25센트라고 하지 않았습니까?"

"맞습니다. 그러나 지금은 1달러 50센트입니다."

이 손님은 할 말을 잃은 채, 돈을 카운터에 놓고서 책을 들고 나가버렸다.

**01** 이 책의 맨 처음 가격은 얼마였는가?

　□ 가. 1달러 75센트

　□ 나. 1달러 50센트

　□ 다. 1달러 25센트

　□ 라. 1달러

**02** 이 책은 마지막에 얼마로 팔렸는가?

　□ 가. 1달러 35센트

　□ 나. 1달러 50센트

　□ 다. 1달러 65센트

　□ 라. 1달러 90센트

**03** 벤자민 프랭클린이 무엇 때문에 책의 가격을 두 번이나 올렸는가?

　□ 가. 시간을 소중히 여기는 사람들에게 시간은 곧 금이다. 그 손님이 벤자민
　　　프랭클린의 시간을 빼앗았기 때문이다.

　□ 나. 그 손님이 부자인 것 같아서 벤자민 프랭클린은 가격을 올렸다.

　□ 다. 직원이 먼저 가격을 올렸기 때문에 벤자민 프랭클린도 가격을 올렸다.

　□ 라. 벤자민 프랭클린은 욕심이 많기 때문이다.

**04** 일상생활에서 여러분의 소중한 시간을 앗아가는 사람이나 일은 무엇이 있는
　지 한번 적어보자.

_____

_____

_____

_____

_____

_____

# 3 시간은 어느 정도의 가치가 있을까?

일하는 시간은 어느 정도의 가치가 있을까? 앞에서 이야기했지만 시간은 금이다. 시간을 돈으로 바꾸면 얼마나 될까? 아래의 표는 시간의 실제 가치를 나타내고 있다. 빈 칸에 적당한 숫자를 적어보자.

## 시간의 가치를 돈으로 계산하다

매달 200시간 일하는 사람의 시간의 가치를 계산해보자.

| 월 급 | 1분의 가치 | 1시간의 가치 | 하루의 가치(8시간) |
|---|---|---|---|
| 60만 원 | | | |
| 120만 원 | | | |
| 180만 원 | | | |
| 240만 원 | | | |
| 300만 원 | | | |
| 600만 원 | | | |
| 1,200만 원 | | | |

## 절약의 가치를 돈으로 계산하다

매달 200시간 일하는 사람이 매일 1시간을 절약한다면 10년, 20년, 30년의 가치는 다음과 같다.

✱참고
　　1시간의 가치×25일×12개월×년 수

| 월 급 | 10년의 가치 | 20년의 가치 | 30년의 가치 |
|---|---|---|---|
| 60만원 | | | |
| 180만원 | | | |
| 300만원 | | | |

*참고
　　앞의 내용을 참고로 다음 문제를 풀어보자

**01** 아버지의 월급이 300만 원일 때, 아버지가 일하는 시간만큼 공부를 한다면

1시간의 값어치는 얼마일까?

□ 가. 15,000원

□ 나. 16,000원

□ 다. 17,000원

□ 라. 18,000원

**02** 오빠의 월급이 60만 원일 때, 오빠가 일하는 시간을 이용하여 공부를 한다면

1시간에 드는 비용은 얼마일까?

□ 가. 2,000원

□ 나. 3,000원

□ 다. 4,000원

□ 라. 5,000원

**03** 만약 아버지와 오빠가 일하는 시간을 이용하여 똑같은 공부를 한다면 누가 더

손해를 볼까?

□ 가. 아버지

□ 나. 오빠

□ 다. 똑같이 손해 본다

□ 라. 둘 다 손해 보지 않는다

**04** 일하는 아버지의 1시간은 오빠보다 몇 배의 수입을 올리는가?

☐ 가. 3

☐ 나. 4

☐ 다. 5

☐ 라. 6

**05** 만약 아버지가 30분을 일하지 않으면 얼마나 손해를 볼까?

☐ 가. 6,000원

☐ 나. 7,500원

☐ 다. 9,000원

☐ 라. 10,500원

**06** 그렇다면 다음 중 어떤 상황에서 공부하는 것이 유리한가?

☐ 가. 학생일 때(돈을 벌지 않으므로 손해 볼 것이 없다)

☐ 나. 월급을 적게 받을 때(월급이 적으면 덜 손해 본다)

☐ 다. 월급을 많이 받을 때(월급이 많으면 더 많이 손해 본다)

☐ 라. 아무 때나 상관없다(손해 보기는 마찬가지다)

### 제 3과 학습 포인트

✓ 시간은 곧 금이다. 시간의 가치를 계산할 줄 알아야 한다.

✓ 자신의 시간 가치가 제일 낮을 때 공부하면 유리하다.

✓ 자신의 시간 가치가 높을수록 사회에 이바지하는 가치도 크다.

# 평생 동안 우리는 몇 시간을 살까?

**짧은 시간이라도 얕보지 마라**

사람은 몇 백 년을 살 수 없기 때문에 시간을 낭비해서는 안 된다. 우리가 자신의 인생과 현실을 바꾸려면 많은 시간이 필요하다. 인간의 평균수명을 80살로 계산한다면, 우리가 이용할 수 있는 시간은 약 3만 일이다. 하루가 지나면 과거가 되고, 흘러간 시간은 다시 돌아오지 않는다. 시간이란 바로 우리의 생명과 바꾼 것이기 때문에 단 하루도 소홀히 할 수 없다.

## 1 일생의 시간

인간의 평균수명을 80살로 계산하고 다음 문제를 풀어보자.

**01 우리의 일생은 대략 며칠인가?**

☐ 가. 2만 일

☐ 나. 3만 일

☐ 다. 4만 일

☐ 라. 5만 일

**02** 우리의 일생은 대략 몇 시간일까?

☐ 가. 40만 시간

☐ 나. 50만 시간

☐ 다. 60만 시간

☐ 라. 70만 시간

**03** 만약 여러분이 현재 10살이라면 인생의 얼마를 산 것일까?

☐ 가. 7분의 1

☐ 나. 8분의 1

☐ 다. 9분의 1

☐ 라. 10분의 1

## 2 나머지 시간

인간의 평균수명이 80살일 때, 1년을 1m, 전체 인생을 80m로 비유해보자.

**01** 0~20살은 인생의 성장기이기 때문에 사회에 큰 역할을 하기란 쉽지 않다.
이 시기에 해당하는 길이를 인생의 총 길이에서 빼면 나머지 길이는 얼마일까?

☐ 가. 60m

☐ 나. 65m

☐ 다. 70m

☐ 라. 75m

**02** 61~80살은 노년기이다. 이 시기는 대체로 정년퇴임을 한 후의 기간이다. 61~80살에 해당하는 길이를 **01**의 답에서 다시 빼면 나머지 길이는 얼마일까?

☐ 가. 35m

☐ 나. 40m

☐ 다. 45m

☐ 라. 50m

**03** 보통 사람들이 잠자는 데 쓰는 시간은 하루의 3분의 1이다. 인간이 잠자는 데 쓰는 시간의 길이만큼 **02**의 답에서 다시 빼면 나머지 길이는 얼마일까?

☐ 가. 약 24m

☐ 나. 약 27m

☐ 다. 약 30m

☐ 라. 약 33m

\*참고

21~60살까지 잠자는 데 쓰는 시간

$$= \frac{\text{02에 따른 나머지 년 수(m)} \times 8(\text{시간}) \times 365(\text{일})}{365\text{일} \times 24\text{시간}}$$

**04** 보통 사람들이 하루 세 끼의 식사를 하는 데 쓰는 시간은 2시간 반이다. 만약 인간이 식사하는 데 필요한 시간의 길이만큼 **03**의 답에서 다시 빼면 나머지 길이는 얼마일까?

☐ 가. 약 19m

☐ 나. 약 21m

☐ 다. 약 23m

☐ 라. 약 20m

\*참고

21~60살까지 세 끼 식사하는 데 걸리는 시간

$$= \frac{\text{02에 따른 나머지 년 수(m)} \times 2.5(\text{시간}) \times 365(\text{일})}{365\text{일} \times 24\text{시간}}$$

**05** 보통 사람들이 하루 동안 교통수단을 이용하는 시간은 1시간 반이다. 이 시간에 해당되는 길이만큼 **04**의 답에서 다시 빼면 나머지는 얼마일까?

□ 가. 약 16.5m

□ 나. 약 18.5m

□ 다. 약 20.5m

□ 라. 약 22.5m

＊참고

21～60살까지 교통수단을 이용하는 데 걸리는 시간

$$= \frac{02에\ 따른\ 나머지\ 년\ 수(m) \times 1.5(시간) \times 365(일)}{365일 \times 24시간}$$

**06** 보통 사람들은 전화나 메신저로 친구와 대화를 나누는 데 매일 1시간을 쓴다. 이 시간의 길이만큼 **05**의 답에서 다시 빼면 나머지 길이는 얼마일까?

□ 가. 약 13m

□ 나. 약 15m

□ 다. 약 17m

□ 라. 약 19m

＊앞의 문제들과 같은 방식으로 푸세요

**07** 보통 사람들이 텔레비전을 보는 데 쓰는 시간은 매일 1시간 반이다. 이 시간의 길이만큼 **06**의 답에서 다시 빼면 나머지는 얼마일까?

□ 가. 13.5m

□ 나. 14.5m

□ 다. 15.5m

□ 라. 16.5m

＊앞의 문제들과 같은 방식으로 푸세요

**08** 보통 사람들이 매일 여가활동(운동, 오락, 취미생활 등)에 쓰는 시간은 3시간이다. 이 시간의 길이만큼 **07**의 답에서 다시 빼면 나머지는 얼마일까?

□ 가. 약 11.5m

□ 나. 약 12.5m

□ 다. 약 13.5m

□ 라. 약 14.5m       ＊앞의 문제들과 같은 방식으로 푸세요

**09** 보통 사람들이 매일 세수, 양치, 화장실 사용, 샤워 등에 쓰는 시간은 1시간이다. 이 시간의 길이만큼 **08**의 답에서 다시 빼면 나머지는 얼마일까?

□ 가. 약 8m

□ 나. 약 9m

□ 다. 약 10m

□ 라. 약 11m       ＊앞의 문제들과 같은 방식으로 푸세요

**10** 공휴일과 휴가는 매년 20일 정도 된다. 이 시간의 길이만큼 **09**의 답에서 다시 빼면 나머지는 얼마일까?

□ 가. 약 6m

□ 나. 약 7m

□ 다. 약 8m

□ 라. 약 9m       ＊참고

$$= \frac{02에 \ 따른 \ 나머지 \ 년 \ 수(m) \times 20(일)}{365일}$$

**11** 그렇다면 80년 인생을 살아가면서 제대로 일할 수 있는 시간은 얼마일까?

☐ 가. 5년

☐ 나. 6년

☐ 다. 7년

☐ 라. 8년

**12** 전체 인생에서 일하는 시간이 차지하는 비중은 얼마일까?

☐ 가. 6분의 1

☐ 나. 8분의 1

☐ 다. 10분의 1

☐ 라. 12분의 1

 **제 4과 학습 포인트**

> ✓ 인간의 평균수명을 80살로 계산할 때, 우리가 사용할 수 있는 시간은 약
> 3만 일, 즉 70만 시간이다.
>
> ✓ 우리가 일하는 시간은 인생의 10분의 1밖에 되지 않는다. 때문에 우리
> 는 일하는 시간을 소중히 여기고 잘 활용해야 한다.

# 시간관리는 왜 필요할까?

시간을 활용하여 일하는 것은 성공의 열쇠

시간을 활용하여 생각하는 것은 지혜의 원천

시간을 활용하여 적당한 휴식을 취하는 것은 젊음의 비결

시간을 활용하여 독서하는 것은 지혜의 밑거름

시간을 활용하여 친구를 사귀는 것은 행복의 시작

시간을 활용하여 꿈꾸는 것은 목표로 향하는 첫걸음

시간을 활용하여 누군가를 사랑하는 것은 인생의 즐거움

시간을 활용하여 웃는 것은 만병통치약

왜 시간관리에 대해 깊이 생각해야 할까? 그것은 우리가 더 많은 일을 처리하고, 더 많은 휴식시간을 갖고, 더 이상적인 성과를 얻기 위해서다. 사실 흘러가는 시간은 관리할 수 없다. 시간의 흐름은 누구도 막을 수 없다. 시간관리의 진정한 의미는 곧 자기관리다. 이를테면 목표설정, 적절한 계획, 안 좋은 습관 고치기가 여기에 해당한다.

## 1 인생의 계획표를 짜다

한 중년 남자가 백화점에서 옛 친구를 만났다. 그 친구는 문구 코너에서 수채화물감을 사고 있었다.

"언제부터 그림을 그린 거야?" 중년 남자는 친구에게 물었다.

"사실은 지금 막 미술 학원에 등록했어. 다음 주부터 시작해. 예전부터 나는 그림 그리기를 좋아했는데 시간이 없었어. 별 일은 아니지만 그림 그리는 일은 내가 이 세상을 떠나기 전에 반드시 해야 할 50가지 일 중 하나야! 예전에는 시간 가는 것이 두

려웠어. 하지만 요즘에는 계획표를 짜고 죽기 전에 반드시 해야 할 일을 적어보니 시간을 잘 관리해야겠다는 생각이 들었어." 흐뭇한 표정으로 그 친구는 대답했다.

그러자 중년 남자는 이해하지 못하겠다는 듯이 친구에게 다시 물었다. "너의 계획표를 나에게 보여줄 수 있니?"

"안돼, 그것은 내가 하고 싶은 일이기 때문에 너와 다르지. 가장 좋은 방법은 네 스스로 한번 써보는 거야." 집에 돌아온 중년 남자는 펜을 들고 계획표를 작성하기 시작했는데, 자신이 해야 할 일이 많다는 것을 알게 되었다.

**01** 중년 남자의 친구는 무엇을 시작하려고 하는가?

☐ 가. 조각

☐ 나. 수채화

☐ 다. 서양화

☐ 라. 수묵화

**02** 중년 남자의 친구는 이 세상을 떠나기 전에 몇 가지 일을 해야 한다고 했는가?

☐ 가. 20가지

☐ 나. 30가지

☐ 다. 40가지

☐ 라. 50가지

**03** 중년 남자는 친구의 말대로 하고나서 무엇을 알게 되었는가?

☐ 가. 자신에게 많은 여가시간이 있다.

☐ 나. 중요하고도 하고 싶은 일이 많다.

☐ 다. 할 일이 별로 없다.

☐ 라. 유화를 그려야 한다.

**04** 여러분은 중년 남자에게서 무엇을 배웠는가?

☐ 가. 화가가 되어야 한다.

☐ 나. 친구와 많은 이야기를 나눠야 한다.

☐ 다. 반드시 해야 할 50가지 일을 찾는다.

☐ 라. 시간을 아껴 써서 죽기 전에 자신의 소망과 꿈을 이룬다.

**05** 자신의 인생계획표를 작성해보자.

_____

_____

_____

_____

_____

_____

_____

_____

_____

_____

_____

_____

_____

_____

_____

_____

_____

_____

_____

_____

_____

_____

## 2 왜 시간관리가 필요할까?

인간의 평균수명을 80살로 계산하고 우리의 삶을 하나의 거대한 모래시계라고 생각해보자. 모래 한 알이 1초라고 한다면 2,522,880,000(약 25억)개의 모래를 담을 수 있다. 얼핏 보면 매우 많은 것 같다. 그러나 시간당 3,600개가 끊임없이 흘러내리기 때문에 모래의 양은 점점 줄어들 것이다. 시간은 이처럼 흘러내리는 모래와 같다. 우리가 할 수 있는 것은 한정된 모래를 활용하여 자신의 인생을 보다 더 풍요롭게 가꾸는 일뿐이다. 효율적으로 모래를 활용하면 여러분에게 무엇을 가져다 줄 수 있을까?

정답을 골라 □에 √ 표시하세요(정답을 모두 고르세요)

□ 가. 더 많은 여가 시간을 얻는다.

□ 나. 인생의 목표에 차근차근 도달한다.

□ 다. 더 많은 시간을 가족과 친구를 위해 쓴다.

□ 라. 짧은 시간에 더 많은 일을 끝낸다.

□ 마. 더 많은 시간을 남겨 자신이 하고 싶은 일을 한다.

□ 바. 균형적인 생활을 한다.

□ 사. 시간을 낭비하지 않는다.

# **3** 통제할 수 있는 일은 통제한다

우리는 매일 많은 일에 부딪치게 된다. 어떤 일은 우리가 바꿀 수 있고, 어떤 일은 우리가 바꿀 수 없다.

01 아래의 일을 분류하여 알맞은 곳에 적어보자.

책 읽기, 공부목표 세우기, 성별, 날씨, 태어난 곳, 과거의 잘못, 미국대통령, 교통사고, 잘못된 습관 바꾸기, 일의 우선순위, 취미생활, 텔레비전 시청, 인구정책, 신용불량

| 통제할 수 없는 일 | 통제할 수 있는 일 |
| --- | --- |
| | |
| | |
| | |
| | |
| | |
| | |
| | |
| | |
| | |

02 우리는 시간을 '관리'할 수 있을까? 예를 들어 한 시간을 100분으로 만들 수 있는가?

☐ 가. 때론 가능하다

☐ 나. 그때그때 다르다

☐ 다. 가능하다

☐ 라. 불가능하다

03 우리는 자신을 '관리' 할 수 있을까? 예를 들어 잘못된 습관 바꾸기, 목표 세우기, 생활습관 바꾸기 등을 할 수 있는가?

☐ 가. 가능하다

☐ 나. 불가능하다

☐ 다. 때론 가능하다

☐ 라. 그때그때 다르다

04 시간관리의 진정한 뜻은 무엇일까?

☐ 가. 시간을 통제하고 시간이 흘러가는 속도를 바꾼다.

☐ 나. 우리가 관리하는 것이란 결코 시간이 아니라 우리 '자신' 이다. 시간관리는 곧 자기관리인 셈이다.

☐ 다. 통제할 수 없는 것을 통제할 수 있는 것으로 바꾸는 것이다.

☐ 라. 시간이 흘러가는 규칙을 바꾼다.

 제 5과 학습 포인트

> ✓ 시간관리를 배우는 목적은 통제할 수 있는 일을 통제하며, 효율적이고 지혜롭게 일하여 우리의 인생을 더욱 풍요롭게 하려는 데 있다.
>
> ✓ 우리는 흘러가는 시간을 관리할 수 없다. 우리가 관리할 수 있는 것은 오직 자신뿐이다.

# 새로운 시간을 발견한다

사람들은 눈에 보이는 돈에는 욕심이 많지만, 보이지 않는 돈(시간)에는 무관심하다

현대인들은 항상 시간이 모자란다고 불만을 말한다. 하지만 우리들은 여러 가지 나쁜 습관과 꼼꼼하지 못한 성격으로 자기의 소중한 시간을 낭비하고 있다는 사실을 모른다. 새롭게 시간을 발견하는 연습을 통해 자신을 돌아보고 스스로 적당한 대처방안을 세워야 한다.

## 1 누가 단비의 시간을 빼앗았을까?

'땡땡' 예정대로 6시 종이 울렸다. 단비는 늦잠 자는 버릇이 있어서 잠에서 깨어나지 못하고 이리저리 뒤척이다가 결국 6시 반이 넘어 일어났다. 게다가 그녀는 세수를 한 뒤에야 숙제를 하지 않았다는 것과 스쿨버스가 이미 떠났다는 사실을 알았다. 그뿐 아니라 어제 저녁 어머니가 일이 바빠 교복을 빨지 않았다는 것도 알게 되었다.

허둥지둥 학교에 가니 7시 반이었다. 이제 30분만 있으면 국어 시험인데 그녀는 평소처럼 친구들과 수다를 떨었다. 결국 10분 동안 시험 준비를 대충 했다. 시험이 끝난 뒤 그녀는 공부하지 않을 것을 후회하기 시작했다.

수업이 끝난 후 단비는 친구들과 노느라고 저녁 늦게 집으로 돌아왔다. 집에 돌아와서야 세제를 사오라는 엄마의 심부름도 깜빡했음을 알아차렸다. 저녁밥을 먹고 단비는 한 시간 정도 텔레비전 만화를 보았다. 금세 8시가 되었다. 20분 동안 숙제를

대충 하고 간식을 먹었다. 간식을 먹은 뒤, 두 명의 친구에게 전화를 걸어 30분이나 잡담을 나눈 다음 집에 있는 강아지를 데리고 공원에 나가서 산책을 했다. 산책하는 도중 갑자기 내일 영어 시험이 있다는 것이 생각났다.

집에 돌아왔을 때는 이미 9시 반이었다. 그녀는 조급해지기 시작했다. 그러나 마음이 조급할수록 집중은 되지 않았으며, 10시가 되자 졸려서 더 이상 책을 볼 수가 없었다. 내일 아침 스쿨버스에서 공부를 마저 하기로 하고 침대에 들어갔다. "아, 시간이 없어!" 그녀는 자기 전에 불만스러운 목소리로 중얼거렸다.

시간이 없으면 아무 일도 할 수가 없다. 이제부터 우리가 단비의 생활습관을 자세히 알아보고 그녀가 정말 시간이 없는지 살펴보도록 하자(사람은 모두 24시간을 가지고 있다).

**01** 단비는 무슨 일을 끝내지 못하고 잊어버렸는가? (정답을 모두 고르세요)

☐ 가. 만화영화를 보지 못했다.

☐ 나. 강아지를 데리고 공원에서 산책하지 못했다.

☐ 다. 숙제를 다 하지 않았다.

☐ 라. 교복을 빨지 않았다.

☐ 마. 영어 시험 준비를 하지 않았다.

☐ 바. 잠을 자지 않았다.

☐ 사. 간식을 먹지 않았다.

☐ 아. 세제를 사오지 못했다.

☐ 자. 국어 시험 준비를 하지 않았다.

☐ 차. 독서 감상문을 쓰지 않았다.

☐ 카. 시간이 없어서 머리를 예쁘게 빗지 못했다.

**02** 단비는 어떤 일을 뒤로 미루는 습관이 있는가? (정답을 모두 고르세요)

☐ 가. 잠에서 일찍 일어난다.

☐ 나. 강아지를 데리고 산책한다.

☐ 다. 친구들과 잡담을 나눈다.

☐ 라. 복습을 한다.

☐ 마. 저녁밥을 먹는다.

☐ 바. 텔레비전 만화를 본다.


**03** 어떤 일을 끝낸 다음 자야 하는지 단비에게 알려주자. (정답을 모두 고르세요)

☐ 가. 간식을 먹은 다음

☐ 나. 숙제를 한 다음

☐ 다. 시험 내용을 복습한 다음

☐ 라. 독서 감상문을 쓴 다음

☐ 마. 교복을 깨끗이 빨았는지 확인한 다음

☐ 바. 전화로 친구와 잡담을 나눈 다음


**04** 단비는 일처리 순서를 어떻게 다시 정리해야 하는가? (정답을 모두 고르세요)

☐ 가. 친구 집에서 논 다음 세제를 사러 간다.

☐ 나. 영어 시험공부를 끝낸 다음 전화로 친구와 잡담을 나눈다.

☐ 다. 강아지를 산책시킨 후 간식을 먹는다.

☐ 라. 숙제를 끝낸 후 텔레비전 만화를 본다.

☐ 마. 친구와 잡담을 나눈 다음 강아지를 산책시킨다.

☐ 바. 시험 준비를 끝낸 후 친구 집에 가서 논다.

**05** 다음 중 시간을 줄이고 그 나머지 시간에 공부할 수 있는 일은 무엇일까? (정답을 모두 고르세요)

☐ 가. 잡담 나누기

☐ 나. 늦잠

☐ 다. 텔레비전 만화 보기

☐ 라. 친구 집에서 놀기

☐ 마. 저녁밥 먹기

☐ 바. 세제 사오는 심부름하기

**06** 여러분이 만약 단비에게 수첩을 준다면 어떤 중요한 내용을 적으라고 충고할 것인가? (정답을 모두 고르세요)

☐ 가. 강아지 산책 시간

☐ 나. 독서 감상문 제출 날짜

☐ 다. 시험 날짜

☐ 라. 텔레비전 만화 방송 시간

☐ 마. 학용품 사는 데 쓴 돈

☐ 바. 숙제 제출 날짜

**07** 다음 중 동시에 진행할 수 있는 일은? (정답을 모두 고르세요)

☐ 가. 복습 및 친구와 잡담하기

☐ 나. 세제 사기 및 강아지와 산책하기

☐ 다. 숙제 및 친구와 산책하기

☐ 라. 복습 및 저녁식사

☐ 마. 친구와의 잡담 및 간식 먹기

☐ 바. 간식 먹기 및 텔레비전 만화 보기

**08** 단비의 근본적인 문제는 무엇인가? (정답을 모두 고르세요)

☐ 가. 기억력이 너무 나쁘다.

☐ 나. 소중한 시간을 낭비했다.

☐ 다. 너무 많은 일을 한다.

☐ 라. 공부하기에 좋은 환경이 아니다.

**09** 여러분은 단비에게 어떻게 시간을 활용하라고 충고할 것인가? (정답을 모두 고르세요)

☐ 가. 간식을 너무 많이 먹지 마라.

☐ 나. 일정표에 중요한 일들을 모두 적어라.

☐ 다. 충분한 휴식을 취하라.

☐ 라. 해야 할 일을 미루지 마라.

☐ 마. 숙제 같은 중요한 일을 먼저 하라.

**10** 이야기에서 언급하지는 않았지만 단비의 기타 과목 성적을 예측해보자. (정답을 모두 고르세요)

☐ 가. 매우 우수하다.

☐ 나. 보통이다.

☐ 다. 예측하기 어렵다.

☐ 라. 그다지 좋지 않다.

### 제 6과 학습 포인트

✓ 해야 할 일의 우선순위를 정했는가?

✓ 일을 미루는 습관이 있는가?

# 시간을 어떻게 쓸 것인가?

우리는 시간의 일부를 도둑맞았고, 나머지 시간은 자신도 모르는 사이에 흘러가버렸다

우리는 대부분 필요한 일에 시간을 썼다고 생각하고, 시간이 빨리 지나간다고 느낀다. 그러나 안타깝게도 우리는 자신의 시간을 도대체 어디에 썼는지 정확하게 말하지 못한다. 게다가 사람들은 시간을 어디에 어떻게 썼는지 잘 기억하지 못한다. 때문에 우리는 자신의 시간을 기록하고 분석해야 시간관리를 잘 할 수 있다.

## 1 시간관리 능력 테스트

**01** 어떤 사람과 어떤 일이 여러분의 시간을 차지했는가? 다음 문제를 통해 어떻게 시간을 활용할 것인지 곰곰이 생각해보자. 알맞은 □에 √표시하세요.

1) 전화가 나를 항상 방해한다. 통화를 얼마나 오래 하는지 신경 쓰지 않는다.

　　항상 □　　　　자주 □　　　　가끔 □　　　　전혀 □

2) 나는 항상 복잡한 문제를 미룬다. 또 한꺼번에 문제를 끝내지 못한다.

　　항상 □　　　　자주 □　　　　가끔 □　　　　전혀 □

3) 일의 우선순위가 없어 집중력이 떨어지고 제일 중요한 일이 뭔지 모른다.

　　항상 □　　　　자주 □　　　　가끔 □　　　　전혀 □

4) 나의 책상은 불필요한 물건들로 가득 쌓여 매우 지저분하다.

항상 □          자주 □          가끔 □          전혀 □


5) 다른 사람이 도움을 요청하면 내가 할 일을 미룬 채 그의 부탁을 들어준다.

항상 □          자주 □          가끔 □          전혀 □


6) 나는 이제까지 명확한 목표를 세워본 적이 없다. (하루, 일주일, 한 달, 1년)

항상 □          자주 □          가끔 □          전혀 □


7) 나는 참을 수 있는 능력이 부족하고 쉽게 한눈을 판다.

항상 □          자주 □          가끔 □          전혀 □


8) 나는 정해진 시간에 일이나 숙제를 끝내지 못한다.

항상 □          자주 □          가끔 □          전혀 □


9) 나는 지금까지 문제를 신중하게 생각하고 계획하지 않았다.

항상 □          자주 □          가끔 □          전혀 □


10) 나는 늘 시험 전날에야 공부를 한다.

항상 □          자주 □          가끔 □          전혀 □

11) 나는 하루 중 어느 때 공부가 잘 되는지 모른다.

    항상 □        자주 □        가끔 □        전혀 □

12) 나의 일정표는 늘 여러 활동으로 가득 차 있어 항상 시간에 쫓긴다.

    항상 □        자주 □        가끔 □        전혀 □

13) 나는 어떤 일이든지 완벽함을 추구한다.

    항상 □        자주 □        가끔 □        전혀 □

14) 나는 공부, 친구 사귀기, 휴식, 운동에 충분한 시간을 쓰지 못한다.

    항상 □        자주 □        가끔 □        전혀 □

15) 나는 다른 사람에게 내가 할 일을 떠넘기지 않는다.

    항상 □        자주 □        가끔 □        전혀 □

16) 나는 시간표를 작성해본 적이 없고 하고 싶은 일을 포기한 적이 있다.

    항상 □        자주 □        가끔 □        전혀 □

17) 나는 매일 TV 보기, 게임하기, 잡담하기, 메신저에 3시간 이상을 쓴다.

    항상 □        자주 □        가끔 □        전혀 □

18) 나는 정리되지 않은 물건을 찾는 데 많은 시간이 걸린다.

항상 □      자주 □      가끔 □      전혀 □


19) 나는 해야 할 일과 숙제에 대한 이해가 부족하다. 그리고 다른 사람이나 선생님의 말을 귀 기울여 듣지 않는다.

항상 □      자주 □      가끔 □      전혀 □


20) 나는 소극적이고 일할 때에도 적극성이 부족하다.

항상 □      자주 □      가끔 □      전혀 □


＊'전혀'는 3점, '가끔'은 2점, '자주'는 1점, '항상'은 1점이다. 자신의 점수를 계산해보자.

나의 점수 : 3×_____+2×_____+1×_____=_____

0 ～ 30점 : 시간에 대한 계획이 없기 때문에 효율적으로 시간을 이용하지 못한다.
31～40점 : 시간관리에 대한 기본적인 자세는 갖추었으나 더욱 노력이 필요하다.
41～50점 : 시간관리를 잘하는 편이다.
51～60점 : 시간관리를 매우 잘하고 있다.


**02** 01과 똑같은 방법으로 부모님의 시간관리도 점검해보자.

_____

_____

_____

_____

_____

_____

_____

## 2  낭비된 시간

누구나 시간의 소중함을 알고 있다. 심지어 '시간은 곧 돈'이라고도 말한다. 그러나 우리는 시간을 의식적으로 또는 무의식적으로 낭비하고 있음을 모른다. 시간 낭비에는 여러 가지 방식이 있다. 우리가 전혀 모르는 사이에 1분 1초씩 시간은 낭비되고 있다. 마치 조그만 구멍이 뚫린 물통처럼 한 방울씩 새어나간다. 오랜 시간이 지나면 물통의 물은 결국 없어질 것이다.

시간은 어떻게 낭비되고 있는가?

□ 가. 알아차리지 못하는 사이에 1분 1초씩 낭비된다.

□ 나. 한 시간 단위로 낭비된다.

□ 다. 의식적으로 낭비한다.

□ 라. 한꺼번에 낭비된다.

## 3  제일 후회하는 일은 무엇일까?

벨기에의 한 잡지사가 전국의 60세 이상 노인들을 대상으로 설문조사를 한 적이 있다. 설문지의 제목은 '당신이 가장 후회하는 일은 무엇입니까?'였고, 10가지 정도 후회할 수 있는 사항을 보기로 제시했다. 조사 결과, 75%의 노인들은 젊은 시절 노력하지 않았기 때문에 성공하지 못한 것을 후회한다고 답했다.

여러분은 위 잡지사의 설문조사에서 무엇을 배웠는가?

□ 가. 나이든 후 어떠한 설문 조사에도 참여하지 않는다.

□ 나. 젊은 시절을 후회하지 않는다.

□ 다. 젊은 시절 못다 이룬 꿈을 위해 나이 든 후에도 계속 노력한다.

□ 라. 젊은 시절에 시간을 아껴야 하며 더욱 노력해야 한다.

# 4 시간에 대한 분석

시간을 효율적으로 관리하는 첫 번째 단계는 현재 시간을 어떻게 쓰고 있는지 기록하고 분석하는 것이다. 시간은 곧 생명이다. 시간이 어떻게 쓰이고 있는지 알아보는 것은 바로 인생을 점검하는 것과 같다. '시간기록표' 작성하기는 효율적으로 시간을 관리할 수 있는 좋은 방법이다. '시간기록표'를 작성하는 목적은 시간이 어떻게 쓰이고 있는지 기록하고 분석하는 것이다. 어떤 일을 처리하는 데 얼마나 많은 시간이 걸렸는지 기록한다면 고쳐야 할 점을 찾아낼 수 있다.

 제 7과 학습 포인트

> ✓ 시간은 의식하지 못하는 사이에 1분 1초씩 낭비된다.
>
> ✓ 자신의 시간이 어떻게 쓰였는지 기록하면 시간관리에 도움이 된다.

시간기록표 작성하기

＊참고
- 매 30분 단위로 이미 처리한 일과 낭비한 시간 등을 적어보자.
- 먼저 시간 단위를 나눈다(수업시간, 특활, 봉사, 취미활동 등).
- 30분마다 기록한다.

| 시간 | 월요일 | 화요일 | 수요일 | 목요일 | 금요일 | 토요일 | 일요일 |
|---|---|---|---|---|---|---|---|
| 오전 06:00 | | | | | | | |
| 06:30 | | | | | | | |
| 07:00 | | | | | | | |
| 07:30 | | | | | | | |
| 08:00 | | | | | | | |
| 08:30 | | | | | | | |
| 09:00 | | | | | | | |

09:30 _____ _____ _____ _____ _____ _____ _____

10:00 _____ _____ _____ _____ _____ _____ _____

10:30 _____ _____ _____ _____ _____ _____ _____

11:00 _____ _____ _____ _____ _____ _____ _____

11:30 _____ _____ _____ _____ _____ _____ _____

오후 12:00 _____ _____ _____ _____ _____ _____ _____

12:30 _____ _____ _____ _____ _____ _____ _____

01:00 _____ _____ _____ _____ _____ _____ _____

01:30 _____ _____ _____ _____ _____ _____ _____

02:00 _____ _____ _____ _____ _____ _____ _____

02:30 _____ _____ _____ _____ _____ _____ _____

03:00 _____ _____ _____ _____ _____ _____ _____

03:30 _____ _____ _____ _____ _____ _____ _____

04:00 _____ _____ _____ _____ _____ _____ _____

04:30 _____ _____ _____ _____ _____ _____ _____

05:00 _____ _____ _____ _____ _____ _____ _____

05:30 _____ _____ _____ _____ _____ _____ _____

06:00 _____ _____ _____ _____ _____ _____ _____

06:30 _____ _____ _____ _____ _____ _____ _____

07:00 _____ _____ _____ _____ _____ _____ _____

07:30 _____ _____ _____ _____ _____ _____ _____

08:00 _____ _____ _____ _____ _____ _____ _____

08:30 _____ _____ _____ _____ _____ _____ _____

09:00 _____ _____ _____ _____ _____ _____ _____

09:30 _____ _____ _____ _____ _____ _____ _____

10:00 _____ _____ _____ _____ _____ _____ _____

## CHAPTER 7

# 시간낭비를 반성한다

누구에게나 똑같은 시간이 주어지지만 몇몇 사람만이 충분한 시간을 가지고 있다

사람들은 자신이 시간을 낭비하고 있다고 생각하지 않는다. 아무 생각 없이 시간을 헛되이 보내면서도 그것을 전혀 모른다. 시간은 쓰든 안 쓰든 흘러가기 때문에 사람들은 시간의 존재를 의식하지 못하고 있다. 그리고 사람들은 유용한 물건을 버리는 것만이 낭비라고 생각한다. 사실 시간과 같은 자원을 유익한 일에 활용하지 않고 헛되이 보내거나 자신의 목표와 가치 있는 일과 무관하게 쓴다면 이것이야말로 가장 큰 '낭비'다.

# **1** 시간낭비

01 무엇을 시간낭비라고 하는가?

☐ 가. 다른 사람을 돕는 데 시간을 쓴다.

☐ 나. 자신의 목표와 가치 있는 일을 생각하지 않고 시간을 쓴다.

☐ 다. 자신의 품격, 능력 향상에 시간을 쓴다.

☐ 라. 휴식과 적당한 오락에 시간을 쓴다.

02 다음 중 어느 것이 시간낭비일까? (정답을 모두 고르세요)

☐ 가. 무작정 친구 기다리기

☐ 나. 독서할 때 잡담하기

☐ 다. 친구와의 만남

☐ 라. 집안일 돕기

□ 마. 실수를 반복하기

□ 바. 수업시간에 친구들과 떠들기

□ 사. 늦잠자기

□ 아. 시험 준비

□ 자. 정리하지 않은 물건을 찾기

□ 차. 수업시간에 잠자기

□ 카. 다른 사람 방해하기

□ 타. 지나친 컴퓨터 오락

□ 파. 독서

03 시간을 낭비하면 어떤 점에서 손해를 볼까? (정답을 모두 고르세요)

□ 가. 진짜 중요한 일을 하지 못한다.

□ 나. 친구들과 친하게 지낼 수 없다.

□ 다. 하루하루가 금방 지나간다.

□ 라. 무엇을 해야 할지 모른다.

□ 마. 일을 천천히 배우면서 할 수 있다.

□ 바. 시간이 얼마나 소중한지 모른다.

□ 사. 자신의 목표를 언제나 뚜렷이 알 수 있다.

□ 아. 일을 꼼꼼히 할 수 있다.

□ 자. 친구들에게 인기가 좋다.

□ 차. 자신의 목표를 예정대로 달성하지 못한다.

□ 카. 자꾸 일을 뒤로 미루게 된다.

## 2 일주일 시간계획표

일주일의 '시간기록표'에 따라 자신이 어떻게 시간을 쓰는지 알아봅시다.

＊참고
   저녁식사: 매일 1시간×7일＝시간

| 하는 일 | 계산하기 | 사용된 시간 |
| --- | --- | --- |
| 잠 | | |
| 등교준비 | | |
| 수업시간 | | |
| 등교/하교 | | |
| 점심식사 | | |
| 휴식 | | |
| 복습 | | |
| 저녁식사 | | |
| TV 보기 | | |
| 책읽기 | | |
| 전화하기 | | |
| 인터넷하기 | | |
| 학원 수업 | | |
| 학교 외 활동 | | |
| 친구 만나기 | | |
| 집안일 돕기 | | |
| 운동하기 | | |
| 기타1 | | |
| 기타2 | | |

## 3 시간을 어떻게 활용할지 생각한다

여러분에게 지금 자세한 '일주일 시간기록표'가 있다. 어떻게 자신의 시간을 배치할 것인지 점검해보자. 학생으로서 잠자는 시간을 제외한 대부분의 시간은 공부에, 그 다음으로 가족, 친구, 휴식, 취미활동, 운동 등에 사용하는 것이 좋다.

**01** 생략할 수 있는 일은 어떤 것일까?

_____

_____

**02** 줄일 수 있는 일은 어떤 것일까?

_____

_____

**03** 늘릴 수 있는 일은 어떤 것일까?

_____

_____

**04** 미룰 수 있는 일은 어떤 것일까?

_____

_____

**05** 다른 사람에게서 배울 수 있는 일은 어떤 것일까?

_____

_____

**06** 어느 시간의 효율이 가장 높을까?

_____

_____

**07** 어떤 일의 우선순서를 다시 배치해야 하는가?

_____

_____

**08** 동시에 진행할 수 있는 일은 어떤 것일까?

_____

_____

**09** 어떤 부분을 고쳐야 하는가?

_____

_____

**10** 지금부터 여러분이 매주 사용하는 시간을 다시 작성해보자.

| | | | |
|---|---|---|---|
| 잠 | _____ | 여유시간 | _____ |
| 수업 준비 | _____ | 전화/인터넷 | _____ |
| 수업 | _____ | 목욕 | _____ |
| 교통 | _____ | 과외 활동 | _____ |
| 점심식사 | _____ | 집안일 | _____ |
| 휴식 | _____ | 운동 | _____ |
| 복습 | _____ | 기타1 | _____ |
| 저녁식사 | _____ | 기타2 | _____ |

＊참고

일주일은 총 168시간이다(7일×24시간)

 제 8과 학습 포인트

> ✓ 시간낭비란 시간을 유익하지 않은 일, 자신의 목표와 상관없는 일, 인생에 전혀 의미 없는 일에 쓰는 것이다.
>
> ✓ 자신이 사용하는 시간을 점검함으로써 시간낭비를 피할 수 있다.

# 중요한 일을 먼저 한다

중요한 일에 전념하지 않는 것은 시간을 낭비하는 것과 같다

사람들은 일에 대한 자신의 계획이 있다. 어떤 사람의 중요한 일이 다른 사람에게는 사소한 일일 수 있다. 그래서 우리는 무엇이 자신의 삶에서 가장 중요한지 생각하고 찾아내야 하며, 그것을 이루기 위해 최선을 다해야 한다. 이런 습관이 몸에 밴다면 우리는 인생의 모든 목표를 달성할 수 있을 것이다.

## 1 베들레헴 철강회사의 이야기

20세기 초 베들레헴 철강회사 사장을 맡은 찰스 스왑은 업무 효율성을 높이기 위해 아이비 리라는 유명한 관리전문가를 초청했다. 찰스 스왑과 그의 직원들은 매일 대부분의 시간을 일상적인 업무에 썼고, 중요한 일을 생각할 시간이 전혀 없다는 고민을 아이비 리에게 털어놓았다. 그러자 아이비 리는 찰스 스왑에게 종이 한 장을 건네주면서 이렇게 말했다.

"이 종이에 당신이 내일 해야 할 가장 중요한 여섯 가지를 쓰고, 중요한 일부터 순서를 정하세요. 그리고 난 뒤 내일 아침 가장 중요한 일을 하고, 그 다음 두 번째 일을 하세요. 퇴근할 때까지 이런 식으로 여섯 가지를 끝내면 됩니다."

찰스 스왑이 아이비 리의 방법대로 한 이후 자신과 회사 전체의 효율이 높아졌고, 직원들도 일을 질서정연하게 처리하고 있음을 알게 되었다. 사람들이 잘 알지 못하던 작은 강철공장 베들레헴은 세계에서 가장 큰 철강회사로 성장했다. 그것은 아이비 리가 제안한 방법 때문이라고 사람들은 말하곤 했다.

01 베들레헴 철강회사의 사장과 직원은 어떤 문제에 부딪쳤는가?

　　☐ 가. 세계 최대 강철공장으로 만들 수 없었다.

　　☐ 나. 일상적인 업무를 처리할 수 없었다.

　　☐ 다. 더 중요한 일을 생각할 시간이 없었다.

　　☐ 라. 적당한 관리전문가를 찾아 도움을 받을 수 없었다.

02 아이비 리는 찰스 스왑에게 일의 효율성을 높이려면 어떻게 하라고 말했는가?

　　☐ 가. 모든 업무를 열심히 처리한다.

　　☐ 나. 어려운 일은 서로 도우면서 한다.

　　☐ 다. 문제를 설정하고 방법을 찾는다.

　　☐ 라. 중요한 일을 먼저 한다.

03 아이비 리의 방법은 베들레헴 철강회사에 어떤 영향을 미쳤는가?

　　☐ 가. 직원들은 일의 우선순위를 정할 필요가 없게 되었다.

　　☐ 나. 직원들이 일상적인 업무를 처리할 수 있게 되었다.

　　☐ 다. 회사 전체의 효율이 높아졌다.

　　☐ 라. 직원들이 더 이상 고민을 하지 않아도 되었다.

## 2 ABCD 법칙

ABCD 법칙은 미국의 유명한 장군이었던 아이젠하워가 처음 창안하였으며, 전세계에 널리 알려졌다. 이 법칙은 어떤 일을 먼저 처리해야 하는지 결정하는 데 큰 도움을 준다.

|  | 긴급한 일 | 긴급하지 않은 일 |
|---|---|---|
| 중요한 일 | A. 긴급하고 중요한 일 | B. 긴급하지 않지만 중요한 일 |
| 중요하지 않은 일 | C. 긴급하지만 중요하지 않은 일 | D. 긴급하지도 중요하지도 않은 일 |

우리는 일상적인 일을 네 종류로 분류할 수 있다.

A. 긴급하고 중요한 일

B. 긴급하지 않지만 중요한 일

C. 긴급하지만 중요하지 않은 일

D. 긴급하지도 중요하지도 않은 일

01 다음 중 중요한 일은 무엇인가? (정답을 모두 고르세요)

□ 가. 일의 만족감을 높이도록 노력한다.

□ 나. 인생의 목표를 달성한다.

□ 다. 더욱 건강해지도록 노력한다.

□ 라. 삶에서 더 큰 의미를 느끼도록 한다.

□ 마. 자신이 더 이상 책임지지 않도록 한다.

□ 바. 최대의 효과와 이익을 얻는다.

□ 사. 다른 사람과 대화하지 않거나 독단적으로 행동한다.

□ 아. 많은 사람에게 유익하다.

□ 자. 일하지 않는 대신 인생도 즐기지 않는다.

□ 차. 많은 성과를 이룬다.

**02** 무엇을 긴급한 일이라고 하는가? (정답을 모두 고르세요)

　　□ 가. 아주 쉬운 일

　　□ 나. 아주 어려운 일

　　□ 다. 아주 짜증나는 일

　　□ 라. 눈앞에 다가온 일

　　□ 마. 빨리 해결해야 할 일

　　□ 바. 결과가 심각한 일

**03** 다음 중 '긴급하고 중요한 일(A)' 은 무엇인가? (정답을 모두 고르세요)

　　□ 가. 해외여행을 간다.

　　□ 나. 소화기로 불을 끈다.

　　□ 다. 병원에 간다.

　　□ 라. 내일 있을 시험공부를 한다.

　　□ 마. 내일 제출할 숙제를 한다.

　　□ 바. 다리를 다친 친구를 도와준다.

　　□ 사. 친구들과 놀이공원에 간다.

　　□ 아. 장난감을 산다.

　　□ 자. 친구와 잡담을 나눈다.

**04** 우리는 '긴급하고 중요한 일(A)' 을 어떻게 처리해야 하는가?

　　□ 가. 처리하지 않아도 된다.

　　□ 나. 마지막에 처리한다.

　　□ 다. 즉시 처리한다.

　　□ 라. 조금 늦게 처리해도 된다.

**05** 다음 중 '긴급하지 않지만 중요한 일(B)' 은 무엇인가? (정답을 모두 고르세요)

☐ 가. 스스로 반성한다.

☐ 나. 잡담을 나눈다.

☐ 다. 컴퓨터 오락을 한다.

☐ 라. 운동을 한다.

☐ 마. 텔레비전을 본다.

☐ 바. 가족과 함께 시간을 보낸다.

☐ 사. 휴식을 취한다.

☐ 아. 미래를 계획한다.

☐ 자. 좋은 책을 읽는다.

☐ 차. 시험 공부를 한다.

☐ 카. 은행에 돈을 저축한다.


**06** '긴급하지 않지만 중요한 일(B)' 은 어떻게 처리해야 하는가?

☐ 가. 반드시 지금 해야 하지만 많은 시간을 투자할 필요는 없다.

☐ 나. 언제 하더라도 상관없고 적은 시간을 투자해도 된다.

☐ 다. 반드시 지금 해야 하며 많은 시간을 투자해야 한다.

☐ 라. 언제 하더라도 상관없지만 반드시 많은 시간을 투자해야 한다.


**07** 다음 중 '긴급하지만 중요하지 않은 일(C)' 은 무엇인가? (정답을 모두 고르세요)

☐ 가. 병원을 찾는다.

☐ 나. 좋아하는 텔레비전 만화를 계속 본다.

☐ 다. 백화점 세일 기간에 운동화를 산다.

☐ 라. 음식물 쓰레기가 썩기 전에 처리한다.

☐ 마. 영어를 공부한다.

☐ 바. 부모님이 갑자기 시킨 심부름을 한다.

☐ 사. 지저분한 방을 깨끗이 청소한다.

☐ 아. 농구 연습을 한다.

08 '긴급하지만 중요하지 않은 일(C)' 은 어떻게 처리해야 하는가?

☐ 가. 이 일은 중요하지 않기 때문에 신경 쓸 필요가 없다.

☐ 나. 이 일은 중요하지 않기 때문에 다른 사람의 도움을 받거나 '긴급하지
　　　 않지만 중요한 일' 다음에 처리한다.

☐ 다. 이 일은 긴급하기 때문에 빨리 처리해야 한다.

☐ 라. 이 일은 긴급하기 때문에 많은 시간을 할애하여 처리해야 한다.

09 다음 중 '긴급하지도 중요하지도 않은 일(D)' 은 무엇인가?

(정답을 모두 고르세요)

☐ 가. 봉사활동을 한다.

☐ 나. 쓸데없이 친구에게 전화를 건다.

☐ 다. 동생의 숙제를 지도한다.

☐ 라. 낯선 사람과 인터넷 채팅을 한다.

☐ 마. 종일 쇼핑을 한다.

☐ 바. 방과 후 독서를 한다.

☐ 사. 컴퓨터 오락을 한다.

☐ 아. 방 청소를 한다.

10 '긴급하지도 중요하지도 않은 일(D)' 은 어떻게 처리해야 하는가?

☐ 가. 친구와 함께 처리한다.

☐ 나. 부모님의 도움을 받아 처리한다.

☐ 다. 시간을 낭비하는 일이므로 그냥 두거나 맨 마지막에 처리한다.

☐ 라. 반드시 많은 시간을 들여 처리해야 한다.

**11** 네 가지 종류 일을 처리할 때 우선순위를 어떻게 정해야 하는가?

□ 가. A → B → C → D

□ 나. A → B → D → C

□ 다. B → A → C → D

□ 라. A → C → B → D

**12** '긴급하고 중요한 일(A)'의 발생을 줄이고 사전에 예방하려면?

□ 가. C와 D에 속하는 일은 전혀 하지 않고 A에 속하는 일에만 전념한다.

□ 나. 가능한 한 A에 속하는 일은 피한다.

□ 다. 평소에 C와 D에 속하는 일을 많이 한다. 다른 사람에게 부탁하여 A에 속하는 일을 처리한다.

□ 라. B에 속하는 일을 제때 처리하지 않으면 A로 변하기 때문에 평소에 B에 속하는 일을 많이 해야 한다.

**13** 다음 중 '긴급하고 중요한 일(A)'이 일어나지 않도록 하는 것은 무엇인가?

□ 가. 평소에 텔레비전을 많이 보면 친구와 많은 이야기를 나눌 수 있다.

□ 나. 평소에 컴퓨터 오락을 많이 하면 머리가 똑똑해진다.

□ 다. 평소에 운동을 많이 하면 감기에 걸리지 않는다.

□ 라. 평소에 쇼핑을 자주 하면 답답하지 않다.

**14** 다음 중 우리의 시간을 낭비하는 것은 어떤 일인가?

□ 가. A : 긴급하고 중요한 일

□ 나. B : 긴급하지 않지만 중요한 일

□ 다. C : 긴급하지만 중요하지 않은 일

□ 라. D : 긴급하지도 중요하지도 않은 일

제 9과 학습 포인트

> ✓ 어떤 일이 자신에게 가장 중요한지 생각한다.
>
> ✓ ABCD 법칙에 따라서 일을 분류하고 처리한다.
>
> A : 바로 처리한다.
>
> B : 지금 또는 조금 뒤에 반드시 많은 시간을 들여 처리한다.
>
> C : 다른 사람의 도움을 받거나 B에 속하는 일을 한 다음에 처리한다.
>
> D : 그냥 두거나 맨 마지막에 처리한다.

# 일의 순서를 정한다

우리는 시간을 늘릴 수는 없지만 일의 우선순위를 결정할 수는 있다

일상생활에서 우리는 잇달아 일어나는 여러 가지 일 때문에 눈코 뜰 새 없이 바쁘다. 우리는 반드시 처리해야 할 일들의 중요도에 따라 전체적인 시간 계획을 세워야 하며, 사소한 일에 집착해서는 안 된다. 그리고 쉬운 일 또는 자신이 좋아하는 일만 하지 않도록 해야 한다.

## 1 돌에 대한 이야기

어느 학교의 한 선생님이 입구가 넓은 유리 항아리를 책상 위에 놓고 주먹만큼 큰 돌멩이들을 항아리에 넣은 다음 "이 항아리가 다 채워졌습니까?" 하고 학생들에게 물었다. "예." 학생들은 다 함께 대답했다. "그런가요?" 선생님은 작은 자갈들을 항아리에 쏟아 넣고 "이 항아리가 다 채워졌습니까?" 라고 다시 학생들에게 물었다. "아마 다 채워지지 않았을 겁니다." 이번에 학생들은 머뭇거리면서 대답했다. 선생님은 모래주머니를 꺼내더니 항아리에 천천히 쏟아 부었다. 그런 다음 학생들에게 "이 항아리가 다 채워졌습니까? 안 채워졌습니까?" 라고 물었다. "채워지지 않았습니다." 학생들도 눈치를 채고 이렇게 대답했다. 마지막으로 선생님은 돌과 자갈, 모래로 이미 가득 찬 항아리에 물 한 병을 부었다.

01 선생님은 유리 항아리에 왜 돌을 먼저 넣었을까?

  □ 가. 큰 돌은 몇 개 안 되므로 금방 넣을 수 있기 때문에

  □ 나. 큰 돌이 학생들의 주의력을 쉽게 끌 수 있기 때문에

  □ 다. 만약 큰 돌을 먼저 넣지 않으면 나중에는 넣을 수 없기 때문에

  □ 라. 장난꾸러기 학생들이 돌멩이로 장난 칠까봐

02 큰 돌은 어느 종류의 일에 해당하는가?

  □ 가. 긴급하고 중요한 일(A)

  □ 나. 긴급하지 않지만 중요한 일(B)

  □ 다. 긴급하지만 중요하지 않은 일(C)

  □ 라. 긴급하지도 중요하지도 않은 일(D)

03 우리는 왜 '긴급하고 중요한 일(A)'을 먼저 계획하지 못 하는가?

  □ 가. A와 같은 일은 보통 갑자기 일어나므로 우리가 예상하기 어렵다.

  □ 나. A와 같은 일은 복잡하므로 무엇이 필요한지 미리 준비할 수 없다.

  □ 다. A와 같은 일은 많은 사람들의 도움이 필요하므로 나중에 해야 한다.

  □ 라. A와 같은 일은 매우 쉬우므로 사전에 계획할 필요가 없다.

04 큰 돌이 '긴급하지 않지만 중요한 일(B)'이라면 무엇 때문에 우리는 사전에
계획을 세워야 하는가? (정답을 두 개 고르세요)

  □ 가. B와 같은 일은 쉽게 처리할 수 있어 일에 대한 만족감을 높일 수 있다.

  □ 나. B와 같은 일은 도전적이어서 문제해결 능력을 높일 수 있다.

  □ 다. 만약 B와 같은 일을 먼저 처리하지 않는다면 휴식시간이 없을 것이다.

  □ 라. 만약 B와 같은 일을 먼저 끝낸다면 A와 같은 일로 바뀌지 않을 것이다.

# 2 큰 돌부터 먼저 처리합시다

큰 돌은 '긴급하지 않지만 중요한 일(B)'에 해당한다. 예를 들면 친구 사귀기, 복습하기, 운동하기 등이 있다.

**01 무엇이 여러분의 큰 돌인가?**

이번 주에 해야 할 중요한 일은 어떤 것인지 자신에게 물어보자. 이러한 일을 큰 돌이라고 하자. 만약 여러분에게 여러 개의 큰 돌이 있다면, 매 항목 앞에 B1, B2…라고 쓰고 일의 순서를 정해보자.

B1 _____

B2 _____

B3 _____

B4 _____

**02 큰 돌을 먼저 처리하자.**

큰 돌이란 여러분에게 중요한 일이다. 때문에 여러분은 먼저 큰 돌을 언제 처리할 것인지 다음과 같이 수첩에 적어놓아야 한다.

해야 할 일

월요일 _____

화요일 _____

수요일 _____

목요일 _____

금요일 _____

토요일 _____

일요일 _____

**03** 작은 돌은 나중에 처리하자.

큰일을 처리한 다음에 작은 일을 처리해야 한다. 우리가 만약 '큰일(B)'을 먼저 처리하지 않으면 한 주의 시간은 '긴급한 일(A, C)'로 가득 찰 것이다. 이런 일들은 항상 우리들을 신경 쓰이게 한다.

기타 작은 일 _____
_____
_____
_____
_____

# 3 일의 우선순위 결정하기

어떤 일을 계획할 때, 먼저 이 일이 어느 종류에 속하는지 생각해봐야 한다. 어떤 일은 긴급한 것 같지만 실제로는 다른 사람들이 여러분에게 압력을 주기 때문에 그렇게 느낄 수도 있다. 아래의 내용은 한얼이가 다음주에 해야 할 일이다. 그를 대신해서 우선순위를 정해보자.

*참고
    A : 긴급하고 중요한 일
    B : 긴급하지 않지만 중요한 일
    C : 긴급하지만 중요하지 않은 일
    D : 긴급하지도 중요하지도 않은 일

**01** 다음 주에 제출해야 할 평가 과제를 준비한다.

☐ 가. 긴급하고 중요한 일(A)

☐ 나. 긴급하지 않지만 중요한 일(B)

☐ 다. 긴급하지만 중요하지 않은 일(C)

☐ 라. 긴급하지도 중요하지도 않은 일(D)

**02** 내일 있을 국어 시험공부를 한다.

  □ 가. 긴급하고 중요한 일(A)

  □ 나. 긴급하지 않지만 중요한 일(B)

  □ 다. 긴급하지만 중요하지 않은 일(C)

  □ 라. 긴급하지도 중요하지도 않은 일(D)

**03** 다음 주 일요일에 시골 할머니 댁을 방문한다.

  □ 가. 긴급하고 중요한 일(A)

  □ 나. 긴급하지 않지만 중요한 일(B)

  □ 다. 긴급하지만 중요하지 않은 일(C)

  □ 라. 긴급하지도 중요하지도 않은 일(D)

**04** 다음 주 수요일에 수업이 끝난 뒤 테니스를 배운다.

  □ 가. 긴급하고 중요한 일(A)

  □ 나. 긴급하지 않지만 중요한 일(B)

  □ 다. 긴급하지만 중요하지 않은 일(C)

  □ 라. 긴급하지도 중요하지도 않은 일(D)

**05** 잘 알지 못하는 친구와 컴퓨터 게임을 한다.

  □ 가. 긴급하고 중요한 일(A)

  □ 나. 긴급하지 않지만 중요한 일(B)

  □ 다. 긴급하지만 중요하지 않은 일(C)

  □ 라. 긴급하지도 중요하지도 않은 일(D)

## CHAPTER 10

**06** 친한 친구와 주말에 여행을 간다.

　□ 가. 긴급하고 중요한 일(A)

　□ 나. 긴급하지 않지만 중요한 일(B)

　□ 다. 긴급하지만 중요하지 않은 일(C)

　□ 라. 긴급하지도 중요하지도 않은 일(D)

**07** 동생에게 영어 단어를 가르쳐준다.

　□ 가. 긴급하고 중요한 일(A)

　□ 나. 긴급하지 않지만 중요한 일(B)

　□ 다. 긴급하지만 중요하지 않은 일(C)

　□ 라. 긴급하지도 중요하지도 않은 일(D)

**08** 옆집 아저씨의 부탁으로 골목길을 청소한다.

　□ 가. 긴급하고 중요한 일(A)

　□ 나. 긴급하지 않지만 중요한 일(B)

　□ 다. 긴급하지만 중요하지 않은 일(C)

　□ 라. 긴급하지도 중요하지도 않은 일(D)

**09** 가족과 함께 영화를 본다.

　□ 가. 긴급하고 중요한 일(A)

　□ 나. 긴급하지 않지만 중요한 일(B)

　□ 다. 긴급하지만 중요하지 않은 일(C)

　□ 라. 긴급하지도 중요하지도 않은 일(D)

**10** 외국인 친구 집에 가서 영어를 공부한다.

   ☐ 가. 긴급하고 중요한 일(A)

   ☐ 나. 긴급하지 않지만 중요한 일(B)

   ☐ 다. 긴급하지만 중요하지 않은 일(C)

   ☐ 라. 긴급하지도 중요하지도 않은 일(D)

 제 10과 학습 포인트

> √ 모든 일을 하기 앞서 우선순위를 정한다.
>
> √ '중요하지만 긴급하지 않은 일(B)'이 '중요하고 긴급한 일(A)'로 바뀌는 것을 막기 위해 먼저 B에 속하는 일을 처리한다. 그러나 지금 A에 속하는 일이 일어났다면 반드시 그 일부터 처리해야 한다.

# 11 | 미루는 습관 없애기(1)

**일처리를 미루거나 우물쭈물한다면 일은 점점 어려워진다**

일을 미루는 것은 나쁜 습관이다. 만약 여러분이 꼭 처리해야 할 일을 계속 미룬다면, 나중에 시간에 쫓겨 압박감과 조급한 마음으로 일을 처리하게 된다. 그렇게 되면 실수가 발생할 확률이 높아지고, 심지어는 일을 처음부터 다시 해야 할 수도 있다.

## 1 J 입자 발견 이야기

1974년 8월 미국 뉴욕의 한 실험실에서 세계적인 중국계 물리학자 딩저우중 교수와 그의 조수들은 J 입자를 발견했다. 그러나 딩 교수는 그의 연구 결과를 바로 발표하지 않고 오랫동안 비밀로 했다. 같은 해 11월 미국 스탠포드 대학에서 버튼 리처 교수가 이끄는 연구팀도 같은 J 입자를 발견했다. 결국 1976년 12월 11일에 딩저우중 교수와 버튼 리처 교수는 J 입자 발견의 공로로 함께 노벨 물리학상을 수상했다.

과학에서 연구 경쟁은 매우 치열하다. 새로운 것을 발명하고 창조하는 과학자들에게 있어서 시간은 매우 중요한 문제다.

01 누가 먼저 J 입자를 발견했는가?

　□ 가. 딩저우중 교수

　□ 나. 딩저우중 교수와 조수들

　□ 다. 버튼 리처 교수

　□ 라. 버튼 리처 교수와 조수들

**02** 누가 1976년 노벨 물리학상을 수상했는가?

□ 가. 버튼 리처 교수와 조수들

□ 나. 딩저우중 교수 혼자

□ 다. 버튼 리처 교수 혼자

□ 라. 버튼 리처 교수와 딩저우중 교수


**03** 딩저우중 교수는 왜 1976년 노벨 물리학상을 혼자 수상하지 못했는가?

□ 가. 딩저우중 교수는 선뜻 다른 사람들과 연구 성과를 나누었다.

□ 나. 버튼 리처 교수와 딩저우중 교수가 동시에 J 입자를 발견했다.

□ 다. 딩저우중 교수와 그의 조수가 동시에 J 입자를 발견했다.

□ 라. 딩저우중 교수가 그의 연구 결과를 비밀에 부친 시간이 너무 길었다.


**04** 이 이야기는 무엇이 가장 중요하다고 말하고 있는가?

□ 가. 성별

□ 나. 국적

□ 다. 시간

□ 라. 조수


**05** 딩저우중 교수의 이야기를 통해서 무엇을 배웠는가?

□ 가. 노벨상 조직위원회에 복종해야 한다.

□ 나. 어느 상황에서도 흥분하지 않는다.

□ 다. 제때 해야 할 일을 미루지 않는다.

□ 라. 일의 결과에 관심을 가지지 않는다.

## 2 무작정 기다리지 마라

웃음을 기다리지 말고 먼저 친절을 베풀어라.

사랑을 기다리지 말고 먼저 사랑하라.

고독함을 기다리지 말고 친구를 곁에 두어라.

생활이 어려워질 때를 기다리지 말고 열심히 일하라.

부자가 될 때까지 기다리지 말고 지금부터 다른 사람들과 나눠라.

실패를 기다리지 말고 지금 남의 충고를 잘 들어라.

사회에 뒤쳐지기를 기다리지 말고 평생 학습의 중요함을 명심하라.

병이 찾아올 때를 기다리지 말고 지금부터 건강을 챙겨라.

친구가 사라질 때를 기다리지 말고 지금부터 친구의 소중함을 알아라.

노인이 될 때를 기다리지 말고 지금부터 시간을 아껴라.

**01** 생활이 어려워질 때를 기다리지 말고 지금부터 _____ .

☐ 가. 건강을 챙겨라

☐ 나. 열심히 일하라

☐ 다. 지금부터 베풀어라

☐ 라. 친구를 곁에 두어라

**02** 부자가 될 때까지 기다리지 말고 지금부터 _____ .

☐ 가. 다른 사람의 충고를 들어라

☐ 나. 친구의 소중함을 알아라

☐ 다. 우정을 표현하라

☐ 라. 다른 사람들과 나눠라

**03** 친구가 사라질 때를 기다리지 말고 지금 _____ .

    ☐ 가. 친구의 소중함을 알아라

    ☐ 나. 평생 학습의 중요성을 명심하라

    ☐ 다. 시간을 아껴라

    ☐ 라. 열심히 일하라


**04** 병이 찾아올 때를 기다리지 말고 지금부터 _____ .

    ☐ 가. 열심히 일하라

    ☐ 나. 사랑을 베풀어라

    ☐ 다. 친구의 가치를 알아라

    ☐ 라. 건강을 챙겨라


**05** 여러분이 지금까지 미뤄왔던 일은 무엇이 있는가?

_____

_____

_____

_____

_____

_____

_____

_____

# 3 미루는 것과 지연되는 것의 차이점

'미룬다'는 뜻과 '지연된다'는 뜻은 다르다. '미룬다'는 것은 여러분이 선택했기 때문에 피할 수 있다. 하지만 '지연된다'는 것은 다른 사람이나 주변의 환경에 좌우되기 때문에 피하기 어렵다. 예를 들면 교통사고 때문에 일이 '지연되는' 것이다.

01 미룬다는 뜻은 무엇인가?

  □ 가. 일이 끝난 다음 부족한 부분을 생각한다.

  □ 나. 다른 사람이나 주변 환경 때문에 일이 늦어진다.

  □ 다. '나'의 개인적인 이유(예를 들면 게으름)로 일을 늦게 시작한다.

  □ 라. 무슨 일인지 정확히 안 다음에 시작한다.

02 지연된다는 뜻은 무엇인가?

  □ 가. '내'가 선택해서 일이 늦어진 경우다.

  □ 나. '나'의 잘못된 선택과 주변 환경 때문에 생긴다.

  □ 다. '내'가 노력하면 막을 수 있다.

  □ 라. '나'의 어쩔 수 없는 이유 때문에 생긴다. (예를 들면 날씨, 교통사고 등)

03 당신은 왜 미루고 있는가? 2-05에 쓴 내용을 참고로 일을 미루는 이유와 원인을 찾아 □에 ✓표시해보자.

  □ 해야 할 일이 너무 많아서

  □ 누가 시키지 않았기 때문에

  □ 급하지 않기 때문에

  □ 해야 할 일에 흥미가 없어서

  □ 실패를 두려워하기 때문에

  □ 어디서부터 시작해야 할지 몰라서

□ 왜 해야 하는지 이유를 몰라서

□ 컨디션이 좋지 않아서

□ 변화를 두려워하기 때문에

□ 책임지는 것이 두려워서

□ 정신적으로 피곤하기 때문에

□ 일을 끝내면 어떤 점이 좋은지 몰라서

□ 실수를 할까봐 두려워서

□ 준비가 안 되었기 때문에

□ 실패를 두려워하기 때문에

□ 시간이 없어서

□ 기타 이유 _____

 제 11과 학습 포인트

> √ 미루면 일을 더욱 어렵게 만든다.
>
> √ 기다리지 말고 지금 바로 시작하자.
>
> √ 왜 일을 미루는지 그 원인을 살펴보자.

# 12 | 미루는 습관 없애기(2)

**일을 미룰 수는 있지만, 시간은 사람을 기다리지 않는다**

일을 미루는 습관은 시간을 도둑맞는 것과 같다. 일을 미루는 나쁜 습관은 우리가 가지고 있는 가장 소중한 재산인 시간을 잃는 것이다. 때문에 어떤 일이든지 꼭 처리해야 할 일은 미루지 말고 바로 처리해야 한다. 그러면 불필요한 걱정은 사라지고 원하고자 하는 일을 기한 안에 처리할 수 있다.

## 1 내가 만약…

"대학교에 입학한 다음에는 하고 싶은 일만 하며 행복하게 살아야지" 하고 한 소년이 말했다. 그러나 대학생이 된 후 "나는 직업을 찾은 다음 그렇게 살 거야"라고 말할 수밖에 없었다. 직장을 찾은 다음 그는 "결혼한 다음에는 정말 그렇게 살 거야"라고 생각했지만 머지않아 "내 자식들이 학교를 졸업한 다음에는 그렇게 살 수 있을 거야"라고 말했다.

시간이 흐른 후 자식들이 학교를 졸업할 무렵 그는 "내가 퇴직한 다음에는 그렇게 살 수 있겠지"라고 말했지만 그의 삶은 여전히 그대로였다. 퇴직할 때 그는 지금까지 자신이 행복하다고 느꼈던 일이 하나도 없음을 깨닫게 되었다. 시간은 이미 흘러갔고, 지나온 인생은 아쉬움으로 가득 차 있었다.

**01** 소년은 인생의 어느 시기에 행복해질 것이라고 생각했는가?

    ☐ 가. 대학에 입학한 다음

    ☐ 나. 직업을 찾은 다음

    ☐ 다. 결혼한 다음

    ☐ 라. 퇴직한 다음


**02** 대학을 졸업한 다음에는 언제 행복해질 것이라고 생각했는가?

    ☐ 가. 결혼한 다음

    ☐ 나. 그의 자식들이 졸업한 다음

    ☐ 다. 퇴직한 다음

    ☐ 라. 직업을 찾은 다음


**03** 직업을 찾은 다음에는 언제 행복해질 것이라고 생각했는가?

    ☐ 가. 학교에 다시 돌아간 다음

    ☐ 나. 자식들이 졸업한 다음

    ☐ 다. 결혼한 다음

    ☐ 라. 퇴직한 다음


**04** 퇴직할 때 그는 무엇을 깨달았는가?

    ☐ 가. 시간은 그가 인생의 꿈을 이룰 때까지 기다려준다.

    ☐ 나. 시간은 모두 흘러갔고, 인생은 허무하게 끝나고 있다.

    ☐ 다. 그는 여전히 행복한 날들이 올 것이라고 믿고 있다.

    ☐ 라. 그는 지나간 인생에서 또 다른 행복을 발견했다.

**05** 우리는 어떻게 인생의 행복을 얻을 수 있을까? (정답을 모두 고르세요)

☐ 가. 문제를 일으킨다.

☐ 나. 열심히 공부한다.

☐ 다. 다른 사람에게 친절하게 대한다.

☐ 라. 운동을 한다.

☐ 마. 평생 도박을 즐긴다.

☐ 바. 계획에 따라 일을 처리한다.

☐ 사. 열심히 일한다.

☐ 아. 많이 놀고 적게 일한다.

☐ 자. 돈을 저축한다.

☐ 차. 결과를 따지지 않는다.

☐ 카. 시간을 아낀다.

☐ 타. 나쁜 습관을 없앤다.

☐ 파. 가족을 사랑한다.

☐ 하. 다른 사람들에게 성실하게 대한다.

**06** 여러분은 어떤 일을 미루는 습관이 있는지 한번 적어보자.

_____

_____

_____

_____

_____

_____

_____

_____

_____

## 2 친구들을 도와주세요

아래의 대화를 통해 학생들이 일을 미루는 이유를 알 수 있다.

학생1 : 이 과목은 너무 어렵다!

학생2 : 어떻게 이 책을 읽고 연습문제 50개를 풀 수 있겠니? 불가능해.

학생1 : 나는 항상 쉬운 문제부터 풀어.

학생2 : 나는 항상 재미있는 문제부터 풀어.

학생3 : 나는 항상 내가 아는 문제부터 풀어.

학생4 : 나는 항상 시간이 적게 걸리는 문제부터 풀어.

학생1 : 나는 먼저 다른 사람들의 부탁부터 들어줘.

학생2 : 나는 먼저 집안일을 한 다음 공부해.

학생3 : 이런 공부를 해서 무슨 쓸모가 있어?

학생4 : 나는 어떻게 시작해야 할지 모르겠어.

학생2 : 거리의 경치가 정말 아름답네.

학생3 : 배고파 죽겠다. 먼저 먹고 하는 것이 좋겠다.

학생4 : 이런 일은 모두 급한 것이 아니야!

다음과 같이 말하는 친구들의 나쁜 습관을 고쳐줄 수 있는 방법을 생각해보자.

01 "이런 일은 너무 어려워!" (정답을 모두 고르세요)

□ 가. 먼저 창 밖의 경치를 감상하고, 기분이 좋을 때 다시 해봐.

□ 나. 일을 쉽게 해결할 수 있는 방법을 생각한 후 집중하여 다시 시작해봐.

□ 다. 먼저 간식을 먹은 다음 다시 생각해봐.

□ 라. 일을 해결한 다음에 느끼게 될 성취감을 떠올려봐.

□ 마. 자신에게 "지금 당장 시작하라!"고 말해봐.

□ 바. 지쳐서 힘이 빠지기 전에 일을 처리해봐.

□ 사. 일을 해결하기 위해 시간을 정해놓고 시작해봐.

02 "이런 수업은 너무 답답해!" (정답을 모두 고르세요)

☐ 가. 다른 선생님의 수업을 들어봐.

☐ 나. 그 수업은 꼭 들어야 해.

☐ 다. 재미없는 숙제는 포기해도 괜찮아.

☐ 라. 수업을 놀이나 시합으로 만들어 재미를 느껴봐.

☐ 마. 재미있는 숙제와 재미없는 숙제를 서로 섞어봐.

☐ 바. 재미있는 숙제를 먼저 하면서 흥미를 느껴봐.

☐ 사. 전화를 걸어 친구와 30분 정도 이야기한 다음 다시 해봐.

03 "나에게는 시작하려는 의지가 부족해!" (정답을 모두 고르세요)

☐ 가. 재미있는 영화 한 편을 보고 시작해봐.

☐ 나. 시간은 금이므로 지금 미루어서는 안 돼.

☐ 다. 일을 질질 끌면 나중에 엉망이 될 거야.

☐ 라. 자신을 격려할 수 있는 상이 뭐가 있는지 생각해봐.

☐ 마. 먼저 자질구레한 일을 처리한 다음 시작해봐.

☐ 바. 먼저 어려운 일부터 시작해봐.

☐ 사. 뒤로 미룬 일은 너의 목표를 이루는 데 장애물이 될 거야.

04 "나는 집중이 잘 안 돼!" (정답을 모두 고르세요)

☐ 가. 좋은 환경으로 바꿔봐. 책상을 깨끗이 청소하는 것도 좋은 방법이지.

☐ 나. 다른 사람의 방해를 받지 않도록 조심해.

☐ 다. 마음을 산만하게 하는 핸드폰이나 게임기를 눈에 띄지 않게 해.

☐ 라. 필요한 학용품을 모두 갖춰야 해.

☐ 마. 필요 없는 물건은 무엇인지 생각해봐.

☐ 바. 좋아하는 연예인의 사진을 책상에 붙여봐.

☐ 사. 배가 고플 때 일을 시작해.

**05** "중요한 일을 뒤로 미뤄놓고 자꾸 잊어버려." (정답을 모두 고르세요).

☐ 가. 음악을 틀어놓고 기분을 한결 나아지게 해봐.

☐ 나. 일을 끝내야 할 기한을 한번 정해봐.

☐ 다. 목표를 세우고 구체적인 계획을 짜봐.

☐ 라. 실행하지 못한 계획은 종이에 적어서 눈에 띄는 곳에 붙여놔.

☐ 마. 이 일을 해낼 수 있다고 자신에게 끊임없이 말해봐.

☐ 바. 미루는 것은 일을 더 악화시킬 뿐이야.

☐ 사. 마음 놓고 쉬었다가 천천히 시도해봐.

 제12과 학습 포인트

> √ 미루는 습관은 시간의 적이다. 당신의 귀중한 인생을 훔쳐가기 때문이다.
>
> √ 시간을 잘 활용하면 삶의 즐거움을 누릴 수 있다.
>
> √ 일이 지연된 원인을 찾아 대응책을 찾는다.

# 자투리 시간을 활용한다

다른 사람들이 시간을 낭비하고 있을 때 역사는 이루어진다

물방울이 돌을 뚫고, 무쇠도 갈면 바늘이 된다. 일상생활에서도 보잘 것 없는 물건이 모여 큰 역할을 할 때가 있다. 마찬가지로 자투리 시간도 효과적으로 사용하면 큰일을 할 수 있다. 평소 자신의 생활습관을 되돌아본다면 '자투리 시간' 이 얼마나 많은지 발견할 수 있을 것이다.

## 1 금가루를 모으는 사람

금화를 만드는 작업장에는 많은 금가루가 떨어진다는 사실을 알게 된 공장 주인은 작은 상자를 만들어 금가루를 모으기 시작했다. 바닥을 청소할 때마다 작은 금가루들을 모은 것이다. 시간이 흐를수록 점점 불어난 금가루는 큰돈이 되었다. 성공한 사람들은 모두 이와 같은 '작은 상자' 로 자신의 금가루를 모은다. 즉, 보통 사람들이 낭비하는 자투리 시간을 모으는 것이다.

01 공장 주인은 바닥에 떨어진 금가루를 어떻게 처리했는가?

□ 가. 금가루를 쓰레기통에 버렸다.

□ 나. 금가루를 노동자들에게 나누어주었다.

□ 다. 작은 상자에 모았다.

□ 라. 바닥에 그냥 두었다.

02 금가루가 어떻게 많은 돈이 될 수 있었는가?

　　□ 가. 금가루의 원래 귀중한 가치가 있다.

　　□ 나. 고객들이 금가루를 즐겨 쓰기 때문이다.

　　□ 다. 금가루를 팔아 현금으로 만들어 다른 용도로 쓴다.

　　□ 라. 매일 모인 금가루로 나중에 금화를 만들 수 있다.


03 성공한 사람들은 모두 무엇을 모을 줄 아는가? (정답을 두 개 고르세요)

　　□ 가. 금가루

　　□ 나. 자투리 시간

　　□ 다. 보통사람들이 그냥 흘려보내는 시간

　　□ 라. 보통사람들이 관심을 가지지 않는 금가루


04 이 이야기에서 어떤 교훈을 배웠는가?

　　□ 가. 공장을 세운다.

　　□ 나. 금가루를 모으면 부자가 된다.

　　□ 다. 티끌모아 태산이다.

　　□ 라. 작은 상자를 항상 준비한다.


05 다음 중 '티끌모아 태산'이라는 속담의 좋은 예는? (정답을 모두 고르세요)

　　□ 가. 물방울이 모여 작은 냇물, 강, 바다를 이룬다.

　　□ 나. 담배를 많이 피우면 폐암에 걸린다.

　　□ 다. 물방울이 바위를 뚫을 수 있다.

　　□ 라. 작은 개미들이 모여 먹이를 쌓아놓는다.

　　□ 마. 레이저로 강철판을 뚫을 수 있다.

　　□ 바. 모래로 사막을 이룰 수 있다.

　　□ 사. 많이 먹으면 뚱뚱해진다.

　　□ 아. 영어 단어를 하나씩 외우면 나중에 많은 단어를 알게 된다.

## 2 자투리 시간을 모으자

만약 여러분에게 매일 30분의 자투리 시간이 주어지고 이를 잘 활용한다면,

**01** 1년 후 얼마나 많은 시간이 모일까? (1년을 360일로 계산하세요)

☐ 가. 160시간

☐ 나. 170시간

☐ 다. 180시간

☐ 라. 190시간

**02** 1년 후 당신에게 얼마나 많은 작업시간이 늘어날까?

(일주일에 45시간을 일하고, 한 달을 4주로 계산한다면)

☐ 가. 6개월

☐ 나. 4주

☐ 다. 15일

☐ 라. 2개월

**03** 당신에게는 매일 얼마나 많은 자투리 시간이 있는가?

_____ 시간

**04** 1년 동안 자투리 시간을 모은다면 얼마나 될까?

_____ 시간

## **3** 나에게도 자투리 시간이 있을까?

평소 생활습관을 돌아보면서 자신에게 적당한 자투리 시간을 골라 □에 √ 표시하거나 줄을 그은 부분에 자신의 의견을 적어보자.

□ 차를 타는 동안

□ 버스를 기다릴 때

□ 다른 사람을 기다릴 때

□ 화장실에 갈 때

□ 차가 막힐 때

□ 줄을 설 때

□ 다른 일을 시작하기 전

□ 잠자기 전

□ 기타 _____

_____

_____

## **4** 자투리 시간을 어떻게 활용할까?

자투리 시간을 어떻게 활용할지 □에 √ 표시하거나 줄을 그은 부분에 자신의 의견을 적어보자.

□ 인터넷 방송을 들으면서 외국어를 공부한다.

□ 카드를 활용하여 영어 단어를 공부한다.

□ 책을 읽는다.

□ 어려운 문제를 푼다.

□ 편지를 보낸다.

□ 친구에게 전화로 안부를 묻는다.

□ 새로운 일을 계획한다.

□ 책상을 정리한다.

□ 휴식을 취한다.

□ 기타 _____

_____

_____

 제 13과 학습 포인트

✓ 일상생활에서 자투리 시간을 찾는다.

✓ 자투리 시간을 모아 소중한 시간으로 만든다.

# 14 시간을 소중히 여기고 아끼자

**시간을 늘릴 수는 없지만 절약할 수는 있다**

잃어버린 돈은 다시 벌 수 있지만, 흘러간 시간은 되돌아오지 않는다. 때문에 시간이 돈보다 더 소중하다. 시간을 절약한다는 개념은 돈을 아낀다는 개념과 같다. 시간을 절약한다는 것은 시간을 사용하지 않는다는 것이 아니라, 시간을 효율적으로 쓰고 소중한 일에 합리적으로 활용한다는 뜻이다.

## 1 시간은 지금 이 순간에도 흐르고 있다

소음이 없는 조용한 곳에서 편안한 의자에 앉은 다음, 눈을 감고 숨쉬는 일에 집중하세요. 지금이 바로 여러분의 생명이 살아있는 순간이고, 여러분의 한정된 자원(인간의 평균수명을 80세 또는 3만 일로 계산함)을 낭비하고 있다고 생각해보세요. 여러분의 한정된 시간은 숨을 쉼과 동시에 사라지고 있다고…. 이제 평온한 마음을 유지하세요. 예전에 유쾌했던 일을 떠올리고 그 상황을 자세히 기억해보세요. 지금 여러분은 한 폭의 아름다운 그림을 감상하고 있다고 느껴지지 않나요? 여러분이 보고 있는 그림은 지난날의 실제상황이였음에도 불구하고 지금은 추억으로만 남아 있지 않나요? 그림에 나타난 사람이나 일들은 다시 일어날 수 없음을 기억하세요. 이 모든 것은 이미 과거가 되었기 때문입니다.

이 글을 읽고 어떤 느낌이 드는가?

_____

_____

_____

_____

## 2 벤자민 프랭클린은 어떻게 성공했을까?

벤자민 프랭클린은 미국에서 매우 유명한 사람이다. 그는 85년이란 긴 세월 동안 하루도 헛되이 보낸 적이 없다고 한다. 사회에 많은 공헌을 한 사람으로서 기자, 작가, 코미디언, 예술가, 공직자, 철학자, 윤리학자, 발명가, 과학자, 정치인 및 외교관 등 다양한 일을 했고 전쟁에서 큰 업적을 이루기도 했다.

그는 12살 때 학교를 그만 두고 형을 따라 인쇄기술을 배웠다. 일은 힘들고 많은 시간이 걸렸지만 그는 틈틈이 시간을 내서 여러 가지 공부를 열심히 했다. 그의 월급은 아주 적었지만 아껴 쓰고 나머지 돈으로 책을 샀다. 그리고 표를 만들어 자신의 시간 활용을 엄격하게 점검하고 행동으로 옮겼다. 그의 성공은 절대로 쉽게 이루어진 것이 아니다. 끊임없이 배우고 노력하는 자세를 잃지 않았기 때문에 모든 일을 할 수 있었다.

**01** 프랭클린의 직업은? (정답을 모두 고르세요)

☐ 가. 윤리학자

☐ 나. 법학자

☐ 다. 예술가

☐ 라. 발명가

☐ 마. 의사

☐ 바. 외교관

☐ 사. 코미디언

☐ 아. 과학자

☐ 자. 역사학자

☐ 차. 철학자

☐ 카. 작가

☐ 타. 정치인

**02** 프랭클린은 몇 살에 학교를 그만두었는가?

　　□ 가. 10살

　　□ 나. 11살

　　□ 다. 12살

　　□ 라. 13살

**03** 프랭클린은 어떻게 공부를 했는가?

　　□ 가. 학교에 가서

　　□ 나. 혼자서 책을 보며

　　□ 다. 다른 사람에게 배워서

　　□ 라. 친구와 토론을 하면서

**04** 프랭클린은 절약한 돈으로 무엇을 했는가?

　　□ 가. 여행을 갔다.

　　□ 나. 학교 등록금을 냈다.

　　□ 다. 예술작품을 샀다.

　　□ 라. 필요한 책을 샀다.

**05** 프랭클린은 몇 살까지 살았는가?

　　□ 가. 83살

　　□ 나. 84살

　　□ 다. 85살

　　□ 라. 86살

**06** 프랭클린은 무엇을 만들어 자신의 시간 활용을 엄격하게 점검하였는가?

☐ 가. 자명종 시계

☐ 나. 규칙

☐ 다. 시간 계획표

☐ 라. 기도

**07** 프랭클린이 성공할 수 있었던 이유는 무엇인가? (정답을 모두 고르세요)

☐ 가. 배움에 게으르지 않았다.

☐ 나. 고집이 셌다.

☐ 다. 시간을 잘 활용했다.

☐ 라. 열심히 일했다.

☐ 마. 인쇄하는 일을 좋아했다.

☐ 바. 시간을 아꼈다.

☐ 사. 적극적으로 끊임없이 노력했다.

☐ 아. 게으름을 잘 피웠다.

**08** 프랭클린에게서 배워야 할 점은 무엇인지 한번 적어보자.

_____

_____

_____

_____

_____

_____

_____

_____

# 3 시간의 힘은 눈에 보이지 않는다

세월은 흐르는 물과 같아 한번 지나가면 다시 돌아오지 않는다. 만약 우리가 매일 시간을 아끼고 꾸준히 노력한다면 시간이 흘러 나중에 훌륭한 사람으로 거듭날 수 있다.

**01** 만약 매일 1시간씩 공부할 시간이 있다고 하자. 1시간에 책을 20쪽씩 읽을 수 있다면, 1년 후 읽은 책은 몇 쪽이나 되는가? (1년을 360일로 계산)

☐ 가. 7,200쪽

☐ 나. 7,300쪽

☐ 다. 7,400쪽

☐ 라. 7,500쪽

**02** 만약 책 한 권이 200쪽이라면 1년 후 몇 권의 책을 읽을 수 있는가?

☐ 가. 35권

☐ 나. 36권

☐ 다. 37권

☐ 라. 38권

**03** 매일 1시간씩 책을 읽은 소년은 10년 후 어떻게 될까? (정답을 모두 고르세요)

☐ 가. 다재다능해진다.

☐ 나. 한 분야의 전문가가 된다.

☐ 다. 더 어려운 생활을 한다.

☐ 라. 더 크게 성공한다.

☐ 마. 더욱 가난해진다.

☐ 바. 유명한 학자가 된다.

☐ 사. 더 아름다운 미래가 펼쳐진다.

☐ 아. 가족이 더 늘어난다.

# **4** 더 많은 시간을 절약한다

다음 중 어떤 방법이 여러분에게 더 많은 시간을 절약할 수 있도록 도와주겠는가? 빈 칸에 자신의 의견을 적어보자.

□ 집중력을 떨어뜨리는 일을 하지 않는다(핸드폰의 전원을 끈다).

□ 교통 체증을 피하기 위해 아침 일찍 학교에 간다.

□ 물건을 살 때 먼저 구매목록을 작성한다.

□ 운동 삼아 걷는다.

□ 텔레비전을 보면서 공부한다.

□ 책을 빨리 읽는 능력을 키운다.

□ 컴퓨터를 이용해 빠른 시간 안에 작업을 끝낸다.

□ 어려움에 부딪쳤을 때 다른 사람의 도움을 받는다.

□ 게으른 습관을 바꾼다.

□ 텔레비전 보는 시간을 줄인다.

□ 기타

_____

_____

_____

_____

 제 14과 학습 포인트

> ✓ 시간을 절약하고 합리적으로 나눠 인생의 여러 목표를 달성하기 위해
> 노력해야 한다.
>
> ✓ 매일 1시간씩 절약하면 인생에 커다란 변화가 생길 것이다.
>
> ✓ 시간을 절약하려면 자신에게 적절한 방법을 고민해야 한다.

# 시간의 효율을 높인다

시간이 없으면 아무 것도 할 수 없다

우리의 주변 환경은 빠른 속도로 변화하기 때문에 시간이 항상 부족하다. 그래서 우리는 시간을 효율적으로 활용해야 한다. 그렇다면 '효율'이란 무엇인가? 가장 짧은 시간에 가장 효과적으로 일을 끝내는 것을 말한다. '효율이 높다'는 것은 속도만 중요시하는 것이 아니라 결과도 좋아야 한다는 것을 의미한다. 효율적으로 일하는 사람이 되어야만 더 많은 시간을 취미활동과 잠재력을 발굴하는 데 쓸 수 있다.

## 1 사자와 영양의 이야기

광활한 아프리카 초원에 아침이 밝아오자 영양 한 마리가 갑자기 꿈에서 놀라 깨어났다. '빨리 뛰자.' 영양은 이렇게 생각했다. '만약 늦으면 사자에게 잡혀 먹힐 텐데!' 영양은 일어나자마자 태양을 향해 곧바로 뛰어갔다. 영양이 깨어날 때쯤 사자도 놀라서 깨어났다. '빨리 뛰자.' 사자는 이렇게 생각했다. '더 늦게 일어나면 먹이를 사냥할 수 없지. 그러면 굶어 죽을 수밖에 없잖아!' 사자도 일어나자마자 태양을 향해 곧바로 뛰어갔다.

01 이 이야기에서 영양은 어떻게 해야 생명을 지킬 수 있는가?

　　□ 가. 잠에서 놀라 깨어나야 한다.

　　□ 나. 먹을 것을 찾을 줄 알아야 한다.

☐ 다. 초원에 숨어 있어야 한다.

☐ 라. 사자보다 더 일찍 일어나 뛰어야 한다.

**02** 이 이야기에서 사자는 어떻게 하면 굶주림을 피할 수 있을까?

☐ 가. 먹을 것을 찾을 줄 알아야 한다.

☐ 나. 항상 놀라서 깨어나야 한다.

☐ 다. 영양보다 일찍 일어나 사냥해야 한다.

☐ 라. 다른 사자들과 어울려야 한다.

**03** 이 이야기에서 영양과 사자는 어떤 처지에 놓여 있는가?

☐ 가. 먼저 깨어나 움직이는 자가 살아남는다.

☐ 나. 무조건 빠른 자가 살아남는다.

☐ 다. 먼저 초원에 도착하는 자가 살아남는다.

☐ 라. 태양을 향해 뛰어가는 자가 살아남는다.

**04** 여러분에게도 사자와 영양처럼 시간이 매우 소중하다. 그 이유를 생각해보고 한번 적어보자.

_____

_____

_____

_____

_____

_____

## 2 효율이란 무엇인가?

미국생산력협회에서 효율에 대한 계산방식을 만들었다. 그것은 얻은 결과물을 투자된 자원으로 나눈 것이다.

*참고

$$효율 = \frac{얻은 결과물}{투자된 자원}$$

01 독서 효율은 어떻게 계산하는가? (1시간의 독서 분량)

　□ 가. 투입한 시간 ÷ 읽은 쪽 수

　□ 나. 투입한 시간 × 읽은 쪽 수

　□ 다. 읽은 쪽 수 ÷ 투입한 시간

　□ 라. 읽은 쪽 수 + 투입한 시간

02 만약 단비가 2시간에 40쪽을 읽었다면 그녀의 독서 효율은 얼마인가?

　□ 가. 15쪽/1시간

　□ 나. 20쪽/1시간

　□ 다. 25쪽/1시간

　□ 라. 30쪽/1시간

03 아래의 어떤 방법이 독서 효율을 높일 수 있을까?

　□ 가. 쪽 수는 그대로 두고 시간을 늘린다.

　□ 나. 시간은 그대로 두고 쪽 수를 줄인다.

　□ 다. 쪽 수와 시간을 모두 늘린다.

　□ 라. 쪽 수는 그대로 두고 시간을 줄인다.

**04** 만약 단비가 2시간 안에 50쪽을 읽었다면 그녀의 새로운 독서 효율은 어떻게 되겠는가?

☐ 가. 15쪽/1시간

☐ 나. 20쪽/1시간

☐ 다. 25쪽/1시간

☐ 라. 30쪽/1시간

**05** 단비의 독서 효율은 몇 % 증가 되었는가?

☐ 가. 15%

☐ 나. 20%

☐ 다. 25%

☐ 라. 30%

＊참고

$$\frac{\text{새로운 독서 효율} - \text{이전 독서 효율}}{\text{이전 독서 효율}} \times 100\%$$

**06** 다른 사람들보다 효율을 높일 수 있는 방법은 무엇인가?

☐ 가. 다른 사람의 효율이 낮아지기를 바란다.

☐ 나. 자신의 효율을 유지한다.

☐ 다. 자신의 효율을 낮춘다.

☐ 라. 자신의 효율을 높인다.

**07** 여러분은 어떤 일에서 자신의 효율을 높일 수 있을까?

예 숙제, 복습, 책읽기, 글짓기, 컴퓨터 사용

_____

_____

_____

# 3 어떻게 하면 효율을 높일 수 있을까?

자신이 적절하다고 생각하는 방법의 □에 √표시하고 줄을 그은 부분에 자신의 의견을 적어보자.

□ 매일 하고자 하는 일들을 표로 작성한다.

□ 전화하기 전에 전화 내용을 미리 적어둔다.

□ 전화기 옆에 타이머를 설치하면 통화시간을 줄일 수 있다.

□ 공부방을 깨끗하게 정돈한다.

□ 해야 할 일들의 우선순위를 정해 모두 기록한다.

□ 수첩에 약속시간, 목표와 계획 등을 적는다.

□ 중요한 자료는 컴퓨터에 저장한다.

□ 책을 빨리 읽는 법을 배운다.

□ 여러 가지 감각기관(청각, 시각, 촉각, 후각, 미각)을 통해 외국어를 공부한다.

□ 항상 메모지를 가지고 다니면서 떠오르는 좋은 생각과 해야 할 일을 적는다.

□ 이메일로 답장을 쓸 때 가능한 한 짧게 쓴다.

□ 같은 실수를 다시 범하지 않고, 잘못을 깨닫는 과정에서 배운다.

□ 나쁜 습관을 버려야 한다. 예를 들면 늦잠, 편식, 군것질, 게으름 등이 있다.

□ 중요하고 처리하기 어려운 일은 집중이 가장 잘 되는 시간에 한다.

□ 필요한 물건을 쉽게 찾도록 자주 사용하는 물건은 같은 곳에 놓아둔다.

□ 효율이 좋지 않다고 생각할 때는 충분히 휴식한다.

□ '진도표'를 만들어 눈으로 성취도를 직접 확인할 수 있도록 한다.

□ 하기 싫은 일은 '상금'을 준비하여 스스로 격려한다.

□ 자신에게 꼭 맞는 학용품을 사서 공부 효율을 높인다.

□ 기타

_____

_____

_____

_____

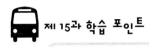 제 15과 학습 포인트

✓ 효율이란 일을 빨리 하면서도 잘 하는 것이다.

✓ 효율을 높이기 위해서는 자신에게 적절한 방법을 찾아야 한다.

✓ 효율을 높이면 시간에 여유가 생겨 개인의 취미생활을 즐기고 잠재능력
을 키울 수 있다.

# 16 | 시간을 어디에 투자할 것인가?

헛된 일에 시간을 낭비하지 말고, 최대의 보상을 받을 수 있는 일에 집중 투자해야 한다. 21세기에서 시간은 지식, 돈, 건강과 같이 매우 소중한 자원이다. 다시 말해, 시간이 있으면 큰 가치를 창조할 수 있다는 것이다. 때문에 시간을 합리적이고 효과적으로 활용해야 우리의 미래를 더욱 풍요롭게 하고, 장기적인 소득을 얻을 수 있다.

## 1 벌목 노동자의 도끼

한 젊은 벌목공이 일을 시작한 첫날에 나무를 10그루 베었다. 그의 도끼가 잘 갈아져 있는데다가 아픈 데도 없고 활기가 넘쳤기 때문이다. 이튿날에도 그는 계속 열심히 일했다. 그러나 첫날보다 더 열심히 일했지만 8그루밖에 베지 못했다. 피곤한 그는 다음날 일찍 일을 시작하기 위해 저녁에 일찍 잠을 잤다. 셋째 날, 그는 온 힘을 다했지만 7그루밖에 베지 못했다. 또 그 다음날에 베어낸 나무는 5그루로 줄었다. 다섯 번째 날, 그는 이제 하루 종일 3그루 밖에 베지 못하고 해질 무렵에 지쳐 쓰러지고 말았다.

마침 한 노인이 지나가다가 힘겹게 나무를 베고 있는 그를 보고 이렇게 말했다. "당신은 왜 잠깐 시간을 내서 무뎌진 도끼날을 갈지 않지요?" 그는 땀을 닦으며 이렇게 대답했다. "나무를 베느라고 도끼 날을 갈 시간이 없어요."

01 벌목공은 첫날에 몇 그루의 나무를 베었는가?

　　□ 가. 8그루

　　□ 나. 9그루

　　□ 다. 10그루

　　□ 라. 11그루

02 다섯 번째 날에 벌목공은 몇 그루를 벨 수 있었는가?

　　□ 가. 1그루

　　□ 나. 2그루

　　□ 다. 3그루

　　□ 라. 4그루

03 벌목공은 어떤 방법으로 더 많은 나무를 베고자 했는가?

　　□ 가. 다른 사람에게 일을 맡긴다.

　　□ 나. 일찍 시작하고 더 노력한다.

　　□ 다. 더 많이 휴식한다.

　　□ 라. 나무 베는 방법을 바꾼다.

04 벌목공은 무엇 때문에 노인의 말대로 할 수 없다고 대답했는가?

　　□ 가. 공구가 없어서

　　□ 나. 사람이 없어서

　　□ 다. 돈이 없어서

　　□ 라. 시간이 없어서

**05** 여러분은 벌목공이 어떤 일부터 먼저 해야 한다고 생각하는가?

☐ 가. 도끼를 잘 갈아야 한다.

☐ 나. 적당한 휴식을 취해야 한다.

☐ 다. 다른 도끼를 사용해야 한다.

☐ 라. 노인의 말을 들을 필요가 없다.


**06** 여러분은 이 이야기에서 무엇을 깨달았는가?

☐ 가. 다른 방법으로 나무를 베어야 한다.

☐ 나. 노인들의 말을 잘 들어야 한다.

☐ 다. 건강한 체력은 성공의 첫 번째 요소이다.

☐ 라. 일을 잘 하려면 도구부터 잘 갖추어야 한다.


**07** 다음 중 이 이야기의 교훈과 같은 것은 무엇인가? (정답을 모두 고르세요)

☐ 가. 병이 나도 병원에 가지 않아 병이 악화되었다.

☐ 나. 새로운 지식을 배우지 않아 점점 컴퓨터를 다루지 못하게 되었다.

☐ 다. 새로운 지식을 배우지 않아 스스로 경쟁력을 떨어뜨린다.

☐ 라. 시대에 뒤떨어진 컴퓨터 소프트웨어를 사용하는 것은 시간낭비다.

☐ 마. 자신의 한글 타자 속도를 끌어올리지 않고 일의 효율을 떨어뜨린다.

## **2** 시간을 투자할 것인가, 소모할 것인가?

투자 : 자원을 장기적으로 유익하고 가치를 높이는 일에 쓴다.

　　　📝 컴퓨터 지식을 배워 자신의 일을 더 빨리 처리한다.

소모 : 자원을 장기적으로 유익하지 않거나 가치 없는 일에 쓴다.

　　　📝 컴퓨터 게임을 밤낮없이 한다.

**01** '시간의 투자' 란 무엇인가?

　□ 가. 자신의 능력, 지식, 건강을 지금대로 유지하기 위해 시간을 쓴다.

　□ 나. 자신의 능력, 지식, 건강을 바꾸기 위해 시간을 쓴다.

　□ 다. 자신의 능력, 지식, 건강을 끌어올리기 위해 시간을 쓴다.

　□ 라. 자신의 능력, 지식, 건강을 떨어뜨리기 위해 시간을 쓴다.

**02** '시간의 소모' 란 무엇인가?

　□ 가. 사회봉사 및 가족을 위해 시간을 쓴다.

　□ 나. 돈을 벌거나 교육을 받기 위해 시간을 쓴다.

　□ 다. 체력단련을 위해 시간을 쓴다.

　□ 라. 나쁜 습관과 지나친 오락을 위해 시간을 쓴다.

**03** 무엇 때문에 시간을 투자하는가?

　□ 가. 적은 시간을 투자하여 더 크고 가치 있는 결과를 얻기 위해

　□ 나. 적은 시간을 투자하여 평범한 결과를 얻기 위해

　□ 다. 적은 시간을 투자하여 더 작고 볼품없는 결과를 얻기 위해

　□ 라. 적은 시간을 투자하여 불확실하고 전망이 없는 결과를 얻기 위해

**04** 다음 중 무엇을 위해 시간을 투자하는 것이 좋을까?

☐ 가. 도박

☐ 나. 지식

☐ 다. 잡담

☐ 라. 오락

**05** 다음 중 시간을 적게 투자해도 괜찮은 일은 무엇인가?

☐ 가. 위인전을 읽는다.

☐ 나. 양로원을 방문한다.

☐ 다. 다른 사람들을 흉본다.

☐ 라. 자신의 할 일을 계획한다.

**06** 다음 중 '시간의 투자'와 '시간의 소모'를 구분해보자.

| | 투자 | 소모 |
|---|---|---|
| 가. 영어를 공부한다. | ☐ | ☐ |
| 나. 매일 인터넷 게임에 빠져 있다. | ☐ | ☐ |
| 다. 이메일로 친구에게 안부를 묻는다. | ☐ | ☐ |
| 라. 익명으로 인터넷에서 채팅을 한다. | ☐ | ☐ |
| 마. '이솝이야기'를 읽는다. | ☐ | ☐ |
| 바. 쓸데없는 잡지를 읽는다. | ☐ | ☐ |
| 사. 늦잠을 잔다. | ☐ | ☐ |
| 아. 가족들과 여행을 다닌다. | ☐ | ☐ |
| 자. 위대한 사람들의 전기를 읽는다. | ☐ | ☐ |
| 차. 악기를 배운다. | ☐ | ☐ |
| 카. 도박을 배운다. | ☐ | ☐ |
| 타. 친구들과 일요일에 농구를 한다. | ☐ | ☐ |

07 자신은 무엇을 위해 시간을 투자하고 있는지 다섯 가지를 적어보자.

_____

_____

_____

_____

_____


08 자신은 무엇 때문에 시간을 소모하고 있는지 다섯 가지를 적어보자.

_____

_____

_____

_____

_____

 제 16과 **학습 포인트**

> ✓ 시간의 투자 : 장기적인 이익과 가치를 끌어올리기 위해 시간을 쓴다.
>
> ✓ 시간의 소모 : 장기적인 이익과 가치를 끌어올릴 수 있는 일보다는 그렇
> 지 않은 일에 시간을 쓴다.

사람들마다 생각이 다를 수 있다. 어떤 답이 절대적으로 옳다고 말할 수 없기 때문에 여기에서 제시하는 답안은 참고답안일 뿐이지 정답은 아니다.

## 제1과

**1**

　01 ㉓　02 ㉕　03 ㉔

**2**

　01 ㉘　02 ㉓, ㉔, ㉡, ㉠, ㉣, ㉢

**3**

01

| 시 간 | 연 령 | | 시 간 | 연 령 |
|---|---|---|---|---|
| 오전 1:30 | 5 | | 오후 1:30 | 45 |
| 오전 3:00 | 10 | | 오후 3:00 | 50 |
| 오전 4:30 | 15 | | 오후 4:30 | 55 |
| 오전 6:00 | 20 | | 오후 6:00 | 60 |
| 오전 7:30 | 25 | | 오후 7:30 | 65 |
| 오전 9:00 | 30 | | 오후 9:00 | 70 |
| 오전 10:30 | 35 | | 오후 10:30 | 75 |
| 낮 12:00 | 40 | | 밤 12:00 | 80 |

02

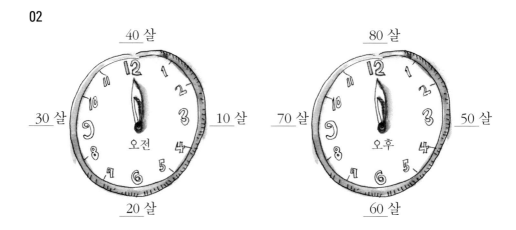

**03** 03) ㉮　04) ㉮　05) ㉮　06) ㉣　07) ㉯　08) ㉯　09) ㉯　10) ㉮　11) ㉰

12) ㉯　13) ㉰　14) ㉮　15) ㉣　16) ㉣　17) ㉮　18) ㉣　19) ㉮　20) ㉮

22) 인생은 짧다, 시간을 아껴라, 생명을 소중히 여겨라

# 제2과

## 1

01 ㉯　02 ㉣　03 ㉮

## 2

01 ㉮　02 ㉯　03 ㉯　04 ㉯　05 ㉯　06 ㉯　07 ㉮　08 ㉣　09 ㉯　10 ㉮

11 ㉮　12 ㉣　13 ㉯　14 ㉮, ㉯, ㉺, ㉼, ㉽, ㉾

15 ㉰, ㉣, ㉸, ㉺, ㉽, ㉾, ㊀　16 ㉰, ㉣, ㉸, ㉼, ㉽, ㉾, ㊁

# 제3과

## 1

01 ㉯　02 ㉯　03 ㉣　04 ㉮

## 2

01 ㉣　02 ㉯　03 ㉮

## 3

시간의 가치를 돈으로 계산하다

| 월 급 | 1분의 가치 | 1시간의 가치 | 하루의 가치(8시간) |
|---|---|---|---|
| 60만 원 | 50원 | 3,000원 | 24,000원 |
| 120만 원 | 100원 | 6,000원 | 48,000원 |
| 180만 원 | 150원 | 9,000원 | 72,000원 |
| 240만 원 | 200원 | 12,000원 | 96,000원 |
| 300만 원 | 250원 | 15,000원 | 12만 원 |
| 600만 원 | 500원 | 30,000원 | 24만 원 |
| 1,200만 원 | 1,000원 | 60,000원 | 48만 원 |

절약의 가치를 돈으로 계산하다

| 월 급 | 10년의 가치 | 20년의 가치 | 30년의 가치(8시간) |
|---|---|---|---|
| 60만 원 | 900만 원 | 1,800만 원 | 2,700만 원 |
| 180만 원 | 2,700만 원 | 5,400만 원 | 7,100만 원 |
| 300만 원 | 4,500만 원 | 9,000만 원 | 1억 3,500만 원 |

01 ㉮   02 ㉯   03 ㉮   04 ㉰   05 ㉯   06 ㉮

# 제4과

## 1

01 ㉯   02 ㉱   03 ㉯

## 2

01 ㉮   02 ㉯   03 ㉯   04 ㉰   05 ㉰   06 ㉱   07 ㉱   08 ㉮   09 ㉰   10 ㉰

11 ㉱   12 ㉰

# 제5과

## 1

01 ㉯   02 ㉱   03 ㉯   04 ㉱

## 2

모든 답이 옳음

## 3

01

| 통제할 수 없는 일 | 통제할 수 있는 일 |
|---|---|
| 성별 | 책 읽기 |
| 날씨 | 공부목표 세우기 |
| 태어난 곳 | 잘못된 습관 바꾸기 |
| 과거의 잘못 | 신용불량 |
| 미국 대통령 | 일의 우선순위 |
| 교통사고 | 취미생활 |
| 인구정책 | 텔레비전 시청 |

02 ㉣    03 ㉮    04 ㉯

## 제6과

**1**

01 ㉢, ㉣, ㉤, ㉰, ㉱    02 ㉮, ㉣    03 ㉯, ㉢, ㉣, ㉤    04 ㉯, ㉣, ㉤

05 ㉮, ㉯, ㉢, ㉣    06 ㉯, ㉢, ㉤, ㉤    07 ㉯, ㉤, ㉤    08 ㉯    09 ㉯, ㉣, ㉤

10 ㉣

## 제7과

**2** ㉮

**3** ㉣

## 제8과

**1**

01 ㉯    02 ㉮, ㉯, ㉤, ㉤, ㉦, ㉧, ㉨, ㉩, ㉪    03 ㉮, ㉢, ㉣, ㉤, ㉨, ㉩

## 제9과

**1**

01 ㉢    02 ㉣    03 ㉢

**2**

01 ㉮, ㉯, ㉢, ㉣, ㉤, ㉰, ㉨    02 ㉣, ㉤, ㉤    03 ㉯, ㉢, ㉣, ㉤, ㉤

04 ㉢    05 ㉮, ㉣, ㉤, ㉦, ㉰, ㉧, ㉩    06 ㉣    07 ㉯, ㉢, ㉣, ㉤, ㉦

08 ㉯    09 ㉯, ㉣, ㉤, ㉦    10 ㉢    11 ㉮    12 ㉣    13 ㉢

14 ㉢ (C에 속하는 일은 보통 다른 사람의 급한 일로서 여러분의 중요한 일을 방

해한다)

## 제10과

**1**

01 ㉢    02 ㉯    03 ㉮    04 ㉢, ㉣

**3**

  01 ㈏   02 ㉮   03 ㈏   04 ㈏   05 ㈐   06 ㈏   07 ㈏   08 ㈐   09 ㈏   10 ㈏

# 제11과

**1**

  01 ㈏   02 ㈑   03 ㈑   04 ㈐   05 ㈐

**2**

  01 ㈏   02 ㈑   03 ㉮   04 ㈑

**3**

  01 ㈐   02 ㈑

# 제12과

**1**

  01 ㉮   02 ㈑   03 ㈐   04 ㈏   05 ㈏, ㈐, ㈑, ㈓, ㈔, ㈖, ㈘, ㈚, ㈛, ㈜

**2**

  01 ㈏, ㈑, ㈒, ㈓, ㈔   02 ㈑, ㈒, ㈓   03 ㈏, ㈐, ㈑, ㈔   04 ㉮, ㈏, ㈐, ㈑

  05 ㈏, ㈐, ㈑, ㈒, ㈓

# 제13과

**1**

  01 ㈐   02 ㈑   03 ㈏, ㈐   04 ㈐   05 ㉮, ㈐, ㈑, ㈒, ㈗

**2**

  01 ㈐   02 ㈏ ($\dfrac{180시간}{45시간} = 4주$)

# 제14과

**1**

  인생의 매 순간은 한번 밖에 없다. 매 순간의 중요성을 알아야 한다. 우리가 가지

  고 있는 것은 현재일 뿐이다.

**2**

01 ㉮, ㉰, ㉱, ㉲, ㉳, ㉴, ㉶, ㉷, ㉹  02 ㉰  03 ㉯  04 ㉱  05 ㉰

06 ㉰  07 ㉮, ㉰, ㉱, ㉲, ㉳

**3**

01 ㉮  02 ㉯  03 ㉮, ㉯, ㉱, ㉲, ㉳

# 제15과

**1**

01 ㉱  02 ㉰  03 ㉮

**2**

01 ㉰  02 ㉯  03 ㉱  04 ㉰  05 ㉰  06 ㉱

# 제16과

**1**

01 ㉰  02 ㉰  03 ㉯  04 ㉱  05 ㉮  06 ㉱  07 ㉮, ㉯, ㉰, ㉱, ㉲

**2**

01 ㉰  02 ㉱  03 ㉮  04 ㉯  05 ㉰

06 ㉮투자  ㉯소모  ㉰투자  ㉱소모  ㉲투자  ㉳소모  ㉴소모  ㉵투자

㉶투자  ㉷투자  ㉹소모  ㉺투자

## 지은이

### 리앙즈웬(梁志援)

저자는 홍콩 이공대학과 마카오 동아대학(마카오대학)에서 경영관리 학사 학위, 마케팅 학사학위와 석사학위를 받았으며, 아동 사고(思考) 훈련 및 컴퓨터 교육 분야에서 많은 현장 경험을 가지고 있다. 현재 홍콩 컴퓨터학회, 영국 특허마케팅학회, 홍콩 컴퓨터교육학회와 홍콩 인터넷교육학회 회원으로 활동하고 있다. 또한 컴퓨터 과학기술, 심리학, 신경언어학(NLP)을 통해 아동과 청소년 양성에 주력해왔다. 그는 또한 사고방법, 교수법, 잠재의식 운영, 심리학 등의 관련 학문을 공부했다.

홈페이지 www.youngthinker.net


## 옮긴이

### 이종순

1958년 중국에서 태어나 북경 중앙민족대학에서 조선어문학을 전공했다. 한국으로 건너와 고려대학교 대학원에서 문학석사, 서울대학교 대학원에서 교육학 박사학위를 받았다. 중국에서는 목단강시위당교(牡丹江市委黨校) 조교수로 근무했고, 한국에서는 한국어와 한국문학교육을 공부하면서 서울대학교, 이화여자대학교, 경기대학교 등에서 중국어를 강의했다. 2003년 이후 한국관광대학 관광중국어과 교수로 재직 중이다. 저서로는《별나라 사람 무얼 먹고 사나》(고구려 출판사, 1997),《알짜&짤막 중국어회화》(다락원, 2004),《중국 조선족 문학과 문학교육 연구》(신성출판사, 2005) 등이 있으며, 번역서로는《지혜동화》(예림당, 1995) 등이 있다.

# 한언의 사명선언문

## Our Mission

—. 우리는 새로운 지식을 창출, 전파하여 전 인류가 이를 공유케 함으로써
  인류문화의 발전과 행복에 이바지한다.

—. 우리는 끊임없이 학습하는 조직으로서 자신과 조직의 발전을 위해
  쉼없이 노력하며, 궁극적으로는 세계적 컨텐츠 그룹을 지향한다.

—. 우리는 정신적, 물질적으로 최고 수준의 복지를 실현하기 위해 노력하며,
  명실공히 초일류 사원들의 집합체로서 부끄럼없이 행동한다.

## Our Vision   한언은 컨텐츠 기업의 선도적 성공모델이 된다.

저희 한언인들은 위와 같은 사명을 항상 가슴 속에 간직하고
좋은 책을 만들기 위해 최선을 다하고 있습니다.
독자 여러분의 아낌없는 충고와 격려를 부탁드립니다.

- 한언가족 -


## HanEon's Mission statement

**Our Mission**

—. We create and broadcast new knowledge for the advancement and happiness of the
  whole human race.

—. We do our best to improve ourselves and the organization, with the ultimate goal of
  striving to be the best content group in the world.

—. We try to realize the highest quality of welfare system in both mental and physical
  ways and we behave in a manner that reflects our mission as proud members of
  HanEon Community.

**Our Vision**   HanEon will be the leading Success Model of the content group.